Day 1

50 ÷ 5	32 ÷ 8	49 ÷ 7	70 ÷ 7	100 ÷ 10	40 ÷ 5	7 ÷ 1	20 ÷ 10	36 ÷ 4	35 ÷ 5
40 ÷ 5	9 ÷ 9	0 ÷ 6	12 ÷ 6	15 ÷ 5	21 ÷ 3	90 ÷ 10	8 ÷ 1	10 ÷ 1	42 ÷ 7
25 ÷ 5	70 ÷ 7	14 ÷ 7	9 ÷ 9	8 ÷ 1	27 ÷ 9	24 ÷ 8	30 ÷ 6	30 ÷ 6	10 ÷ 1
70 ÷ 7	21 ÷ 7	63 ÷ 9	6 ÷ 1	8 ÷ 8	1 ÷ 1	20 ÷ 4	81 ÷ 9	16 ÷ 4	0 ÷ 3
6 ÷ 2	6 ÷ 6	18 ÷ 3	80 ÷ 10	9 ÷ 1	2 ÷ 2	24 ÷ 8	14 ÷ 7	8 ÷ 1	9 ÷ 1
8 ÷ 4	12 ÷ 6	9 ÷ 1	40 ÷ 10	90 ÷ 9	3 ÷ 1	21 ÷ 3	25 ÷ 5	6 ÷ 3	6 ÷ 2
32 ÷ 4	24 ÷ 6	35 ÷ 5	20 ÷ 10	72 ÷ 9	4 ÷ 2	0 ÷ 9	20 ÷ 4	56 ÷ 7	0 ÷ 1
32 ÷ 8	4 ÷ 2	50 ÷ 10	0 ÷ 1	50 ÷ 10	9 ÷ 1	4 ÷ 2	72 ÷ 8	0 ÷ 5	25 ÷ 5
9 ÷ 9	1 ÷ 1	48 ÷ 6	63 ÷ 7	10 ÷ 1	9 ÷ 1	20 ÷ 2	10 ÷ 1	4 ÷ 1	36 ÷ 6
56 ÷ 8	63 ÷ 9	56 ÷ 7	45 ÷ 5	0 ÷ 4	6 ÷ 3	10 ÷ 2	0 ÷ 2	18 ÷ 6	0 ÷ 1

18 ÷ 9	24 ÷ 6	18 ÷ 3	5 ÷ 1	20 ÷ 2	24 ÷ 4	30 ÷ 10	2 ÷ 1	6 ÷ 3	12 ÷ 3
12 ÷ 6	70 ÷ 10	0 ÷ 6	1 ÷ 1	7 ÷ 1	49 ÷ 7	100 ÷ 10	8 ÷ 2	0 ÷ 4	27 ÷ 9
8 ÷ 1	8 ÷ 8	0 ÷ 9	30 ÷ 10	42 ÷ 6	6 ÷ 2	4 ÷ 1	30 ÷ 6	35 ÷ 7	9 ÷ 1
48 ÷ 8	80 ÷ 10	0 ÷ 1	27 ÷ 3	8 ÷ 1	21 ÷ 3	24 ÷ 8	0 ÷ 3	81 ÷ 9	7 ÷ 7
6 ÷ 2	5 ÷ 1	5 ÷ 1	18 ÷ 9	70 ÷ 7	9 ÷ 3	63 ÷ 7	42 ÷ 7	60 ÷ 6	70 ÷ 7
0 ÷ 1	54 ÷ 6	7 ÷ 1	10 ÷ 2	12 ÷ 2	40 ÷ 5	6 ÷ 3	50 ÷ 10	0 ÷ 10	40 ÷ 10
50 ÷ 10	81 ÷ 9	10 ÷ 5	8 ÷ 1	6 ÷ 6	3 ÷ 3	30 ÷ 6	6 ÷ 1	3 ÷ 1	35 ÷ 5
70 ÷ 10	72 ÷ 9	4 ÷ 1	0 ÷ 9	100 ÷ 10	1 ÷ 1	56 ÷ 7	14 ÷ 2	42 ÷ 6	18 ÷ 3
5 ÷ 1	36 ÷ 9	2 ÷ 2	9 ÷ 3	18 ÷ 3	16 ÷ 4	7 ÷ 1	36 ÷ 9	12 ÷ 6	0 ÷ 1
28 ÷ 7	8 ÷ 1	18 ÷ 2	6 ÷ 6	6 ÷ 2	24 ÷ 6	14 ÷ 2	42 ÷ 7	72 ÷ 9	45 ÷ 9

18 ÷ 3	7 ÷ 1	70 ÷ 10	9 ÷ 1	16 ÷ 4	16 ÷ 8	20 ÷ 4	10 ÷ 1	16 ÷ 8	0 ÷ 2
9 ÷ 9	48 ÷ 6	12 ÷ 2	7 ÷ 1	15 ÷ 5	8 ÷ 8	18 ÷ 3	9 ÷ 3	35 ÷ 5	60 ÷ 6
0 ÷ 8	25 ÷ 5	10 ÷ 1	27 ÷ 9	8 ÷ 1	12 ÷ 2	18 ÷ 9	3 ÷ 1	36 ÷ 9	24 ÷ 8
27 ÷ 9	12 ÷ 4	24 ÷ 3	42 ÷ 7	16 ÷ 4	9 ÷ 1	3 ÷ 3	49 ÷ 7	5 ÷ 1	36 ÷ 4
80 ÷ 8	7 ÷ 1	90 ÷ 9	16 ÷ 4	63 ÷ 9	0 ÷ 8	63 ÷ 9	5 ÷ 5	8 ÷ 1	18 ÷ 9
32 ÷ 8	30 ÷ 5	5 ÷ 5	90 ÷ 9	30 ÷ 6	30 ÷ 6	15 ÷ 3	45 ÷ 5	20 ÷ 2	4 ÷ 4
63 ÷ 9	0 ÷ 4	24 ÷ 6	42 ÷ 6	4 ÷ 1	0 ÷ 6	4 ÷ 1	7 ÷ 1	40 ÷ 10	1 ÷ 1
64 ÷ 8	16 ÷ 8	4 ÷ 2	60 ÷ 10	30 ÷ 3	24 ÷ 3	24 ÷ 8	4 ÷ 4	32 ÷ 8	90 ÷ 10
56 ÷ 7	50 ÷ 10	8 ÷ 1	40 ÷ 8	72 ÷ 8	15 ÷ 5	32 ÷ 8	54 ÷ 9	24 ÷ 3	0 ÷ 1
40 ÷ 10	24 ÷ 4	10 ÷ 2	49 ÷ 7	48 ÷ 6	18 ÷ 9	30 ÷ 3	45 ÷ 9	28 ÷ 7	8 ÷ 8

7 ÷ 1	0 ÷ 7	6 ÷ 2	80 ÷ 10	0 ÷ 7	0 ÷ 9	54 ÷ 9	36 ÷ 4	8 ÷ 8	54 ÷ 9
12 ÷ 6	56 ÷ 7	80 ÷ 10	80 ÷ 8	81 ÷ 9	30 ÷ 10	40 ÷ 5	16 ÷ 4	50 ÷ 5	1 ÷ 1
0 ÷ 3	0 ÷ 1	81 ÷ 9	81 ÷ 9	49 ÷ 7	3 ÷ 1	64 ÷ 8	4 ÷ 2	10 ÷ 1	10 ÷ 2
27 ÷ 3	27 ÷ 3	12 ÷ 2	2 ÷ 1	64 ÷ 8	1 ÷ 1	36 ÷ 9	1 ÷ 1	20 ÷ 10	45 ÷ 5
18 ÷ 3	12 ÷ 2	63 ÷ 9	7 ÷ 1	45 ÷ 9	100 ÷ 10	15 ÷ 3	32 ÷ 4	14 ÷ 7	54 ÷ 6
7 ÷ 1	72 ÷ 8	15 ÷ 5	0 ÷ 1	48 ÷ 6	15 ÷ 5	90 ÷ 10	24 ÷ 8	90 ÷ 10	27 ÷ 9
18 ÷ 6	24 ÷ 4	8 ÷ 8	45 ÷ 9	0 ÷ 7	30 ÷ 10	54 ÷ 9	2 ÷ 1	10 ÷ 10	27 ÷ 3
6 ÷ 6	5 ÷ 1	21 ÷ 3	36 ÷ 9	9 ÷ 9	10 ÷ 2	27 ÷ 9	2 ÷ 1	16 ÷ 2	3 ÷ 1
8 ÷ 1	63 ÷ 7	12 ÷ 4	48 ÷ 8	80 ÷ 10	24 ÷ 4	24 ÷ 8	90 ÷ 10	40 ÷ 8	2 ÷ 1
10 ÷ 10	56 ÷ 8	3 ÷ 1	24 ÷ 8	5 ÷ 5	9 ÷ 1	24 ÷ 3	12 ÷ 2	28 ÷ 7	40 ÷ 10

5 ÷ 1	56 ÷ 7	7 ÷ 1	0 ÷ 4	12 ÷ 6	15 ÷ 5	27 ÷ 3	9 ÷ 9	6 ÷ 2	21 ÷ 7
6 ÷ 2	30 ÷ 10	0 ÷ 6	70 ÷ 7	50 ÷ 10	12 ÷ 2	8 ÷ 1	3 ÷ 1	0 ÷ 5	40 ÷ 8
8 ÷ 1	8 ÷ 4	15 ÷ 5	20 ÷ 4	10 ÷ 10	18 ÷ 6	0 ÷ 4	70 ÷ 7	64 ÷ 8	18 ÷ 2
7 ÷ 1	14 ÷ 2	25 ÷ 5	0 ÷ 1	3 ÷ 1	16 ÷ 4	36 ÷ 4	8 ÷ 4	18 ÷ 2	9 ÷ 1
56 ÷ 8	24 ÷ 4	100 ÷ 10	9 ÷ 1	3 ÷ 3	24 ÷ 8	6 ÷ 6	27 ÷ 9	14 ÷ 7	54 ÷ 6
14 ÷ 2	45 ÷ 9	45 ÷ 9	0 ÷ 7	48 ÷ 8	2 ÷ 1	9 ÷ 3	54 ÷ 6	81 ÷ 9	0 ÷ 7
9 ÷ 3	36 ÷ 9	40 ÷ 4	20 ÷ 4	0 ÷ 1	27 ÷ 3	35 ÷ 7	48 ÷ 6	32 ÷ 4	24 ÷ 4
72 ÷ 8	4 ÷ 1	9 ÷ 1	0 ÷ 6	0 ÷ 6	40 ÷ 5	7 ÷ 1	72 ÷ 8	42 ÷ 6	3 ÷ 1
70 ÷ 10	16 ÷ 4	18 ÷ 2	24 ÷ 3	3 ÷ 3	5 ÷ 1	16 ÷ 8	42 ÷ 7	18 ÷ 3	70 ÷ 7
36 ÷ 4	32 ÷ 8	14 ÷ 7	4 ÷ 4	36 ÷ 6	7 ÷ 1	9 ÷ 3	90 ÷ 10	10 ÷ 5	5 ÷ 5

Name : _____ Time : _____ Score : ___/100

3 ÷ 3	8 ÷ 8	50 ÷ 10	10 ÷ 1	56 ÷ 7	40 ÷ 4	7 ÷ 7	6 ÷ 6	72 ÷ 9	80 ÷ 10
5 ÷ 1	12 ÷ 2	40 ÷ 8	0 ÷ 8	0 ÷ 5	28 ÷ 4	18 ÷ 6	21 ÷ 7	8 ÷ 4	16 ÷ 2
56 ÷ 7	3 ÷ 3	24 ÷ 8	36 ÷ 9	54 ÷ 9	20 ÷ 5	63 ÷ 9	6 ÷ 1	4 ÷ 4	5 ÷ 1
90 ÷ 10	3 ÷ 1	4 ÷ 4	48 ÷ 8	36 ÷ 4	54 ÷ 9	45 ÷ 5	6 ÷ 1	0 ÷ 2	72 ÷ 8
60 ÷ 6	80 ÷ 10	9 ÷ 1	49 ÷ 7	18 ÷ 6	20 ÷ 2	0 ÷ 1	60 ÷ 6	0 ÷ 6	30 ÷ 5
10 ÷ 5	16 ÷ 2	5 ÷ 1	48 ÷ 8	5 ÷ 1	8 ÷ 1	10 ÷ 1	6 ÷ 1	3 ÷ 1	24 ÷ 6
9 ÷ 9	35 ÷ 7	9 ÷ 1	21 ÷ 7	5 ÷ 1	20 ÷ 10	18 ÷ 9	4 ÷ 4	64 ÷ 8	20 ÷ 2
21 ÷ 3	90 ÷ 9	32 ÷ 8	0 ÷ 1	24 ÷ 6	81 ÷ 9	4 ÷ 1	0 ÷ 1	63 ÷ 9	36 ÷ 9
40 ÷ 5	40 ÷ 4	72 ÷ 9	72 ÷ 9	12 ÷ 3	4 ÷ 2	70 ÷ 7	48 ÷ 8	30 ÷ 5	36 ÷ 9
35 ÷ 7	63 ÷ 7	0 ÷ 5	0 ÷ 2	6 ÷ 6	81 ÷ 9	32 ÷ 8	27 ÷ 3	60 ÷ 10	8 ÷ 4

63 ÷ 9	42 ÷ 7	0 ÷ 8	27 ÷ 9	50 ÷ 10	0 ÷ 9	16 ÷ 2	1 ÷ 1	24 ÷ 8	90 ÷ 10
24 ÷ 6	12 ÷ 2	12 ÷ 3	48 ÷ 6	3 ÷ 1	5 ÷ 1	45 ÷ 9	3 ÷ 1	12 ÷ 3	10 ÷ 2
0 ÷ 6	6 ÷ 2	18 ÷ 6	0 ÷ 4	49 ÷ 7	4 ÷ 2	42 ÷ 7	30 ÷ 10	4 ÷ 4	70 ÷ 10
10 ÷ 10	6 ÷ 3	36 ÷ 6	21 ÷ 7	20 ÷ 4	60 ÷ 6	8 ÷ 2	45 ÷ 5	18 ÷ 6	0 ÷ 2
0 ÷ 4	49 ÷ 7	15 ÷ 3	54 ÷ 6	7 ÷ 1	2 ÷ 1	50 ÷ 5	12 ÷ 3	54 ÷ 6	49 ÷ 7
40 ÷ 8	10 ÷ 5	20 ÷ 10	90 ÷ 9	15 ÷ 5	8 ÷ 8	32 ÷ 8	10 ÷ 1	0 ÷ 10	49 ÷ 7
7 ÷ 1	40 ÷ 4	0 ÷ 7	18 ÷ 6	27 ÷ 9	40 ÷ 10	20 ÷ 4	4 ÷ 4	5 ÷ 5	14 ÷ 2
90 ÷ 9	0 ÷ 9	54 ÷ 9	1 ÷ 1	20 ÷ 5	18 ÷ 9	27 ÷ 3	5 ÷ 5	36 ÷ 6	0 ÷ 2
2 ÷ 2	15 ÷ 3	10 ÷ 10	4 ÷ 1	15 ÷ 5	8 ÷ 8	54 ÷ 6	0 ÷ 7	21 ÷ 3	32 ÷ 4
0 ÷ 5	1 ÷ 1	0 ÷ 1	54 ÷ 6	72 ÷ 9	10 ÷ 10	36 ÷ 9	100 ÷ 10	60 ÷ 6	20 ÷ 4

Day 8

Name : _____   Time : _____   Score : ___/100

12 ÷ 4	24 ÷ 6	56 ÷ 7	0 ÷ 5	10 ÷ 2	16 ÷ 4	80 ÷ 8	7 ÷ 7	0 ÷ 6	2 ÷ 1
32 ÷ 4	80 ÷ 8	0 ÷ 5	18 ÷ 6	1 ÷ 1	40 ÷ 5	25 ÷ 5	70 ÷ 7	28 ÷ 7	50 ÷ 10
80 ÷ 8	56 ÷ 7	16 ÷ 8	3 ÷ 1	9 ÷ 1	54 ÷ 9	24 ÷ 3	21 ÷ 3	16 ÷ 8	8 ÷ 2
6 ÷ 1	20 ÷ 10	6 ÷ 1	20 ÷ 4	0 ÷ 2	54 ÷ 9	42 ÷ 6	4 ÷ 2	15 ÷ 5	18 ÷ 9
0 ÷ 4	49 ÷ 7	30 ÷ 3	0 ÷ 8	9 ÷ 9	12 ÷ 4	4 ÷ 1	24 ÷ 3	36 ÷ 6	9 ÷ 9
90 ÷ 10	54 ÷ 6	48 ÷ 6	63 ÷ 7	24 ÷ 8	0 ÷ 1	28 ÷ 4	18 ÷ 2	27 ÷ 9	10 ÷ 10
81 ÷ 9	0 ÷ 7	45 ÷ 5	30 ÷ 3	54 ÷ 6	42 ÷ 7	32 ÷ 4	2 ÷ 2	35 ÷ 5	63 ÷ 7
54 ÷ 6	54 ÷ 6	20 ÷ 5	24 ÷ 4	12 ÷ 3	100 ÷ 10	48 ÷ 8	63 ÷ 9	50 ÷ 5	3 ÷ 3
4 ÷ 2	2 ÷ 1	45 ÷ 5	0 ÷ 1	20 ÷ 4	20 ÷ 4	30 ÷ 10	30 ÷ 6	54 ÷ 6	56 ÷ 7
30 ÷ 10	4 ÷ 1	1 ÷ 1	3 ÷ 1	50 ÷ 5	9 ÷ 1	21 ÷ 3	18 ÷ 9	42 ÷ 7	20 ÷ 4

8

49 ÷ 7	1 ÷ 1	12 ÷ 2	25 ÷ 5	24 ÷ 4	0 ÷ 3	90 ÷ 10	6 ÷ 1	0 ÷ 8	0 ÷ 2
70 ÷ 10	3 ÷ 1	6 ÷ 6	10 ÷ 1	56 ÷ 7	0 ÷ 7	24 ÷ 6	2 ÷ 2	12 ÷ 2	18 ÷ 2
50 ÷ 10	27 ÷ 3	10 ÷ 5	36 ÷ 4	0 ÷ 2	21 ÷ 3	42 ÷ 7	40 ÷ 8	16 ÷ 4	2 ÷ 2
8 ÷ 8	0 ÷ 6	80 ÷ 8	35 ÷ 7	16 ÷ 8	35 ÷ 5	8 ÷ 1	36 ÷ 6	5 ÷ 1	14 ÷ 2
0 ÷ 3	20 ÷ 4	6 ÷ 3	45 ÷ 9	1 ÷ 1	0 ÷ 7	10 ÷ 5	0 ÷ 1	48 ÷ 6	18 ÷ 2
6 ÷ 3	32 ÷ 8	1 ÷ 1	36 ÷ 6	72 ÷ 8	72 ÷ 8	40 ÷ 10	1 ÷ 1	32 ÷ 8	42 ÷ 6
18 ÷ 9	0 ÷ 3	12 ÷ 4	100 ÷ 10	36 ÷ 9	63 ÷ 7	1 ÷ 1	30 ÷ 3	63 ÷ 7	9 ÷ 3
50 ÷ 5	60 ÷ 6	72 ÷ 9	48 ÷ 8	0 ÷ 2	2 ÷ 1	4 ÷ 2	2 ÷ 2	0 ÷ 1	21 ÷ 3
0 ÷ 3	4 ÷ 2	70 ÷ 10	36 ÷ 6	28 ÷ 7	10 ÷ 10	6 ÷ 1	3 ÷ 3	30 ÷ 3	5 ÷ 1
3 ÷ 1	24 ÷ 3	8 ÷ 1	42 ÷ 6	3 ÷ 1	2 ÷ 1	16 ÷ 8	36 ÷ 9	81 ÷ 9	6 ÷ 3

Name : _____   Time : _____   Score : ____/100

70 ÷ 7	40 ÷ 4	2 ÷ 1	36 ÷ 9	1 ÷ 1	20 ÷ 4	63 ÷ 7	4 ÷ 1	9 ÷ 9	2 ÷ 1
4 ÷ 1	6 ÷ 1	2 ÷ 2	36 ÷ 6	56 ÷ 8	18 ÷ 2	1 ÷ 1	10 ÷ 5	7 ÷ 7	90 ÷ 10
36 ÷ 4	6 ÷ 1	7 ÷ 1	0 ÷ 8	5 ÷ 5	12 ÷ 3	5 ÷ 5	42 ÷ 7	90 ÷ 9	21 ÷ 7
40 ÷ 5	3 ÷ 1	72 ÷ 8	64 ÷ 8	18 ÷ 9	12 ÷ 3	45 ÷ 5	5 ÷ 1	6 ÷ 1	16 ÷ 4
2 ÷ 1	20 ÷ 5	24 ÷ 4	9 ÷ 1	30 ÷ 3	35 ÷ 7	24 ÷ 6	9 ÷ 1	60 ÷ 6	10 ÷ 1
12 ÷ 2	49 ÷ 7	18 ÷ 2	8 ÷ 1	50 ÷ 10	5 ÷ 5	9 ÷ 9	56 ÷ 8	21 ÷ 7	70 ÷ 7
20 ÷ 2	18 ÷ 9	63 ÷ 7	45 ÷ 5	10 ÷ 1	8 ÷ 2	24 ÷ 4	4 ÷ 1	3 ÷ 3	15 ÷ 3
30 ÷ 3	30 ÷ 5	27 ÷ 3	4 ÷ 1	10 ÷ 1	36 ÷ 6	12 ÷ 2	36 ÷ 6	24 ÷ 8	14 ÷ 2
8 ÷ 1	80 ÷ 8	0 ÷ 7	9 ÷ 1	1 ÷ 1	30 ÷ 6	2 ÷ 2	0 ÷ 9	0 ÷ 1	32 ÷ 8
50 ÷ 5	45 ÷ 5	12 ÷ 6	36 ÷ 4	42 ÷ 6	7 ÷ 1	6 ÷ 2	6 ÷ 3	28 ÷ 4	80 ÷ 8

Day 11

32 ÷ 8	6 ÷ 6	45 ÷ 9	49 ÷ 7	36 ÷ 4	1 ÷ 1	0 ÷ 5	14 ÷ 7	4 ÷ 4	6 ÷ 3
16 ÷ 8	63 ÷ 9	24 ÷ 4	1 ÷ 1	10 ÷ 10	7 ÷ 1	5 ÷ 1	15 ÷ 3	40 ÷ 5	40 ÷ 8
100 ÷ 10	6 ÷ 6	9 ÷ 1	15 ÷ 3	36 ÷ 4	6 ÷ 1	24 ÷ 6	8 ÷ 1	90 ÷ 9	16 ÷ 4
9 ÷ 3	50 ÷ 5	20 ÷ 4	45 ÷ 9	42 ÷ 7	12 ÷ 2	49 ÷ 7	45 ÷ 5	16 ÷ 4	36 ÷ 9
1 ÷ 1	8 ÷ 1	70 ÷ 7	8 ÷ 2	8 ÷ 8	8 ÷ 4	6 ÷ 1	50 ÷ 10	24 ÷ 4	40 ÷ 8
81 ÷ 9	35 ÷ 7	49 ÷ 7	2 ÷ 1	6 ÷ 1	32 ÷ 4	10 ÷ 10	10 ÷ 5	9 ÷ 1	60 ÷ 6
45 ÷ 5	10 ÷ 1	7 ÷ 7	0 ÷ 9	5 ÷ 5	0 ÷ 3	16 ÷ 4	56 ÷ 7	6 ÷ 6	45 ÷ 5
12 ÷ 3	24 ÷ 3	45 ÷ 5	30 ÷ 5	28 ÷ 7	24 ÷ 8	6 ÷ 1	81 ÷ 9	70 ÷ 10	54 ÷ 9
0 ÷ 2	0 ÷ 1	90 ÷ 9	30 ÷ 5	20 ÷ 10	6 ÷ 2	63 ÷ 9	40 ÷ 8	40 ÷ 4	10 ÷ 1
5 ÷ 1	4 ÷ 1	6 ÷ 1	14 ÷ 7	45 ÷ 9	4 ÷ 1	0 ÷ 9	30 ÷ 3	14 ÷ 2	10 ÷ 2

Name : _____ Time : _____ Score : __/10

8 ÷ 8	10 ÷ 1	64 ÷ 8	5 ÷ 1	45 ÷ 5	0 ÷ 9	50 ÷ 10	90 ÷ 10	63 ÷ 7	4 ÷ 1
20 ÷ 2	6 ÷ 1	30 ÷ 10	5 ÷ 5	21 ÷ 3	3 ÷ 3	63 ÷ 9	7 ÷ 7	54 ÷ 6	90 ÷ 10
0 ÷ 10	50 ÷ 5	0 ÷ 9	10 ÷ 1	63 ÷ 7	24 ÷ 8	35 ÷ 5	70 ÷ 7	10 ÷ 5	3 ÷ 3
6 ÷ 3	10 ÷ 2	30 ÷ 3	8 ÷ 2	2 ÷ 1	16 ÷ 4	10 ÷ 1	3 ÷ 1	12 ÷ 3	0 ÷ 5
42 ÷ 7	2 ÷ 2	1 ÷ 1	0 ÷ 6	72 ÷ 8	10 ÷ 2	18 ÷ 2	48 ÷ 6	20 ÷ 10	2 ÷ 1
36 ÷ 6	14 ÷ 7	9 ÷ 9	27 ÷ 9	56 ÷ 8	6 ÷ 3	0 ÷ 1	0 ÷ 9	0 ÷ 1	9 ÷ 3
0 ÷ 10	5 ÷ 1	4 ÷ 2	0 ÷ 5	10 ÷ 2	28 ÷ 4	5 ÷ 5	40 ÷ 5	0 ÷ 5	18 ÷ 9
36 ÷ 9	8 ÷ 4	49 ÷ 7	8 ÷ 8	8 ÷ 2	40 ÷ 10	8 ÷ 1	27 ÷ 9	54 ÷ 9	0 ÷ 1
36 ÷ 4	36 ÷ 6	12 ÷ 3	20 ÷ 4	0 ÷ 9	27 ÷ 3	1 ÷ 1	30 ÷ 3	20 ÷ 10	0 ÷ 1
80 ÷ 10	15 ÷ 5	30 ÷ 10	40 ÷ 4	12 ÷ 4	30 ÷ 3	20 ÷ 5	0 ÷ 4	30 ÷ 6	56 ÷ 7

Day 13

4 ÷ 4	80 ÷ 8	3 ÷ 1	1 ÷ 1	12 ÷ 4	12 ÷ 3	64 ÷ 8	16 ÷ 8	0 ÷ 2	80 ÷ 10
7 ÷ 1	5 ÷ 1	32 ÷ 4	0 ÷ 5	63 ÷ 9	27 ÷ 3	2 ÷ 1	3 ÷ 3	12 ÷ 3	3 ÷ 1
81 ÷ 9	30 ÷ 3	7 ÷ 1	6 ÷ 1	54 ÷ 9	63 ÷ 7	50 ÷ 10	9 ÷ 1	50 ÷ 5	24 ÷ 8
49 ÷ 7	6 ÷ 6	18 ÷ 3	45 ÷ 9	40 ÷ 4	6 ÷ 3	72 ÷ 8	36 ÷ 6	36 ÷ 6	90 ÷ 9
25 ÷ 5	54 ÷ 6	8 ÷ 2	8 ÷ 8	0 ÷ 7	80 ÷ 10	8 ÷ 8	20 ÷ 4	9 ÷ 1	80 ÷ 10
25 ÷ 5	27 ÷ 3	64 ÷ 8	100 ÷ 10	10 ÷ 10	49 ÷ 7	54 ÷ 9	9 ÷ 3	12 ÷ 2	6 ÷ 1
15 ÷ 5	21 ÷ 3	6 ÷ 1	8 ÷ 1	14 ÷ 2	18 ÷ 9	40 ÷ 5	8 ÷ 8	36 ÷ 4	60 ÷ 10
9 ÷ 3	60 ÷ 10	5 ÷ 5	15 ÷ 3	80 ÷ 10	0 ÷ 2	0 ÷ 10	9 ÷ 1	0 ÷ 10	20 ÷ 5
72 ÷ 9	35 ÷ 5	63 ÷ 7	2 ÷ 2	60 ÷ 10	1 ÷ 1	6 ÷ 1	6 ÷ 1	3 ÷ 1	20 ÷ 4
10 ÷ 2	81 ÷ 9	14 ÷ 7	0 ÷ 9	4 ÷ 4	12 ÷ 6	10 ÷ 2	63 ÷ 9	0 ÷ 1	12 ÷ 6

Day 14

Name : _____ Time : _____ Score : __/100

0 ÷ 1	8 ÷ 1	20 ÷ 2	16 ÷ 2	36 ÷ 4	54 ÷ 6	10 ÷ 1	18 ÷ 9	45 ÷ 9	8 ÷ 1
6 ÷ 1	45 ÷ 9	36 ÷ 9	60 ÷ 6	16 ÷ 4	9 ÷ 3	24 ÷ 3	25 ÷ 5	10 ÷ 1	63 ÷ 9
40 ÷ 4	30 ÷ 10	24 ÷ 3	15 ÷ 3	28 ÷ 7	70 ÷ 10	56 ÷ 8	14 ÷ 2	12 ÷ 2	27 ÷ 9
16 ÷ 8	2 ÷ 1	10 ÷ 10	40 ÷ 4	24 ÷ 8	5 ÷ 5	3 ÷ 1	72 ÷ 9	40 ÷ 5	81 ÷ 9
8 ÷ 1	0 ÷ 3	15 ÷ 5	40 ÷ 4	72 ÷ 8	50 ÷ 10	2 ÷ 2	5 ÷ 1	0 ÷ 8	48 ÷ 6
9 ÷ 3	28 ÷ 4	8 ÷ 8	32 ÷ 8	14 ÷ 7	8 ÷ 1	27 ÷ 3	8 ÷ 8	24 ÷ 8	60 ÷ 6
45 ÷ 9	12 ÷ 6	7 ÷ 7	7 ÷ 1	18 ÷ 3	2 ÷ 1	90 ÷ 10	6 ÷ 1	16 ÷ 4	0 ÷ 4
18 ÷ 9	9 ÷ 1	16 ÷ 2	50 ÷ 10	50 ÷ 5	0 ÷ 8	18 ÷ 6	18 ÷ 2	7 ÷ 7	14 ÷ 7
80 ÷ 10	24 ÷ 8	18 ÷ 6	0 ÷ 1	9 ÷ 1	9 ÷ 1	0 ÷ 5	6 ÷ 3	25 ÷ 5	7 ÷ 7
5 ÷ 5	0 ÷ 8	0 ÷ 1	6 ÷ 2	4 ÷ 1	10 ÷ 10	50 ÷ 10	10 ÷ 2	49 ÷ 7	40 ÷ 8

14

100 ÷ 10	50 ÷ 10	7 ÷ 1	18 ÷ 3	48 ÷ 8	54 ÷ 9	36 ÷ 4	45 ÷ 9	30 ÷ 6	10 ÷ 1
0 ÷ 1	35 ÷ 5	20 ÷ 2	40 ÷ 8	3 ÷ 3	90 ÷ 10	36 ÷ 9	0 ÷ 3	72 ÷ 9	24 ÷ 8
54 ÷ 9	40 ÷ 5	50 ÷ 5	20 ÷ 10	8 ÷ 1	10 ÷ 10	16 ÷ 4	0 ÷ 4	12 ÷ 2	40 ÷ 5
9 ÷ 1	0 ÷ 9	56 ÷ 8	5 ÷ 1	8 ÷ 8	0 ÷ 9	0 ÷ 3	24 ÷ 3	90 ÷ 10	56 ÷ 7
30 ÷ 6	0 ÷ 6	3 ÷ 3	56 ÷ 8	9 ÷ 9	80 ÷ 10	40 ÷ 10	32 ÷ 8	54 ÷ 6	20 ÷ 4
80 ÷ 10	0 ÷ 10	1 ÷ 1	0 ÷ 8	0 ÷ 9	49 ÷ 7	3 ÷ 1	8 ÷ 4	10 ÷ 2	56 ÷ 8
30 ÷ 5	0 ÷ 6	7 ÷ 7	40 ÷ 8	56 ÷ 8	40 ÷ 5	81 ÷ 9	10 ÷ 1	40 ÷ 5	1 ÷ 1
70 ÷ 7	64 ÷ 8	45 ÷ 9	12 ÷ 4	9 ÷ 1	27 ÷ 9	40 ÷ 8	49 ÷ 7	12 ÷ 4	12 ÷ 6
60 ÷ 6	3 ÷ 3	80 ÷ 8	5 ÷ 1	80 ÷ 10	27 ÷ 3	40 ÷ 8	45 ÷ 5	27 ÷ 9	2 ÷ 1
4 ÷ 1	4 ÷ 2	8 ÷ 1	7 ÷ 7	36 ÷ 4	24 ÷ 3	40 ÷ 8	60 ÷ 6	20 ÷ 10	18 ÷ 2

0 ÷ 6	72 ÷ 8	0 ÷ 5	60 ÷ 6	50 ÷ 5	18 ÷ 2	7 ÷ 7	14 ÷ 7	72 ÷ 9	7 ÷ 7
40 ÷ 8	70 ÷ 7	42 ÷ 7	24 ÷ 6	40 ÷ 5	28 ÷ 4	48 ÷ 6	56 ÷ 8	10 ÷ 5	42 ÷ 6
4 ÷ 1	7 ÷ 1	56 ÷ 7	3 ÷ 1	54 ÷ 9	18 ÷ 6	8 ÷ 4	10 ÷ 1	9 ÷ 3	6 ÷ 1
30 ÷ 5	6 ÷ 2	80 ÷ 10	24 ÷ 3	36 ÷ 9	7 ÷ 1	12 ÷ 4	15 ÷ 3	35 ÷ 7	30 ÷ 3
0 ÷ 10	6 ÷ 2	7 ÷ 1	64 ÷ 8	20 ÷ 2	0 ÷ 9	7 ÷ 1	56 ÷ 7	10 ÷ 1	4 ÷ 1
10 ÷ 1	40 ÷ 4	1 ÷ 1	30 ÷ 10	63 ÷ 9	100 ÷ 10	28 ÷ 7	4 ÷ 4	9 ÷ 3	8 ÷ 8
21 ÷ 7	24 ÷ 6	64 ÷ 8	1 ÷ 1	24 ÷ 8	56 ÷ 8	10 ÷ 1	12 ÷ 3	30 ÷ 6	56 ÷ 7
100 ÷ 10	12 ÷ 3	2 ÷ 1	4 ÷ 2	5 ÷ 5	20 ÷ 2	14 ÷ 2	7 ÷ 7	0 ÷ 1	27 ÷ 9
27 ÷ 9	0 ÷ 3	15 ÷ 5	24 ÷ 8	27 ÷ 9	0 ÷ 8	30 ÷ 5	7 ÷ 7	0 ÷ 8	5 ÷ 1
28 ÷ 4	32 ÷ 4	21 ÷ 7	9 ÷ 1	21 ÷ 3	40 ÷ 4	50 ÷ 10	2 ÷ 1	12 ÷ 2	8 ÷ 8

30 ÷ 5	18 ÷ 2	25 ÷ 5	28 ÷ 4	5 ÷ 1	20 ÷ 10	40 ÷ 5	63 ÷ 7	18 ÷ 3	4 ÷ 4
70 ÷ 10	63 ÷ 9	3 ÷ 3	30 ÷ 10	20 ÷ 5	70 ÷ 7	45 ÷ 5	21 ÷ 3	80 ÷ 10	0 ÷ 1
7 ÷ 7	28 ÷ 4	24 ÷ 6	72 ÷ 9	10 ÷ 2	2 ÷ 1	100 ÷ 10	7 ÷ 7	50 ÷ 5	6 ÷ 6
49 ÷ 7	3 ÷ 3	40 ÷ 8	12 ÷ 6	10 ÷ 1	2 ÷ 2	0 ÷ 2	12 ÷ 3	6 ÷ 3	36 ÷ 4
6 ÷ 1	0 ÷ 2	72 ÷ 8	3 ÷ 1	60 ÷ 10	0 ÷ 1	8 ÷ 1	24 ÷ 6	72 ÷ 8	48 ÷ 6
4 ÷ 2	8 ÷ 2	10 ÷ 1	12 ÷ 4	20 ÷ 10	1 ÷ 1	32 ÷ 8	16 ÷ 2	5 ÷ 1	54 ÷ 9
10 ÷ 1	25 ÷ 5	12 ÷ 4	70 ÷ 7	45 ÷ 9	1 ÷ 1	32 ÷ 4	10 ÷ 2	64 ÷ 8	27 ÷ 3
15 ÷ 3	36 ÷ 9	10 ÷ 2	8 ÷ 1	28 ÷ 7	0 ÷ 8	35 ÷ 5	10 ÷ 10	72 ÷ 8	42 ÷ 6
3 ÷ 1	0 ÷ 5	3 ÷ 1	72 ÷ 8	2 ÷ 2	6 ÷ 2	50 ÷ 10	1 ÷ 1	100 ÷ 10	42 ÷ 7
6 ÷ 1	9 ÷ 1	40 ÷ 4	6 ÷ 3	28 ÷ 4	56 ÷ 7	12 ÷ 2	30 ÷ 3	9 ÷ 3	50 ÷ 10

12 ÷ 6	40 ÷ 4	9 ÷ 3	30 ÷ 5	14 ÷ 2	100 ÷ 10	30 ÷ 6	60 ÷ 6	50 ÷ 10	0 ÷ 4
12 ÷ 6	30 ÷ 6	81 ÷ 9	28 ÷ 4	8 ÷ 1	3 ÷ 1	30 ÷ 6	50 ÷ 5	8 ÷ 1	9 ÷ 1
0 ÷ 2	64 ÷ 8	48 ÷ 6	3 ÷ 3	0 ÷ 1	4 ÷ 4	9 ÷ 9	56 ÷ 8	45 ÷ 5	36 ÷ 4
20 ÷ 5	8 ÷ 2	0 ÷ 1	10 ÷ 2	10 ÷ 2	18 ÷ 3	40 ÷ 5	12 ÷ 2	9 ÷ 1	20 ÷ 10
18 ÷ 3	14 ÷ 7	48 ÷ 8	18 ÷ 3	72 ÷ 8	8 ÷ 4	10 ÷ 1	42 ÷ 7	60 ÷ 6	72 ÷ 8
8 ÷ 4	7 ÷ 7	6 ÷ 3	36 ÷ 9	49 ÷ 7	30 ÷ 10	27 ÷ 9	28 ÷ 4	12 ÷ 4	0 ÷ 2
30 ÷ 5	30 ÷ 6	9 ÷ 9	12 ÷ 2	30 ÷ 10	18 ÷ 2	45 ÷ 5	18 ÷ 2	36 ÷ 6	63 ÷ 7
30 ÷ 3	45 ÷ 9	70 ÷ 10	6 ÷ 6	50 ÷ 10	45 ÷ 9	28 ÷ 7	18 ÷ 6	5 ÷ 1	1 ÷ 1
0 ÷ 10	25 ÷ 5	5 ÷ 1	12 ÷ 3	40 ÷ 8	12 ÷ 2	63 ÷ 7	70 ÷ 10	40 ÷ 5	28 ÷ 7
64 ÷ 8	8 ÷ 2	64 ÷ 8	4 ÷ 2	16 ÷ 8	3 ÷ 3	20 ÷ 2	36 ÷ 9	28 ÷ 7	6 ÷ 1

72 ÷ 9	0 ÷ 2	7 ÷ 1	10 ÷ 2	30 ÷ 5	35 ÷ 7	36 ÷ 6	4 ÷ 1	15 ÷ 5	7 ÷ 1
63 ÷ 9	45 ÷ 9	30 ÷ 6	3 ÷ 1	21 ÷ 7	0 ÷ 1	8 ÷ 8	8 ÷ 2	30 ÷ 5	4 ÷ 1
24 ÷ 8	3 ÷ 3	16 ÷ 8	4 ÷ 1	36 ÷ 4	40 ÷ 5	18 ÷ 6	5 ÷ 1	42 ÷ 6	30 ÷ 10
0 ÷ 2	28 ÷ 4	7 ÷ 7	2 ÷ 1	50 ÷ 10	32 ÷ 8	4 ÷ 1	18 ÷ 6	9 ÷ 3	56 ÷ 7
32 ÷ 8	36 ÷ 4	30 ÷ 6	0 ÷ 9	18 ÷ 3	42 ÷ 7	1 ÷ 1	12 ÷ 4	35 ÷ 7	10 ÷ 5
100 ÷ 10	72 ÷ 8	6 ÷ 3	6 ÷ 3	40 ÷ 10	36 ÷ 6	28 ÷ 7	5 ÷ 1	5 ÷ 5	0 ÷ 8
56 ÷ 7	6 ÷ 6	80 ÷ 8	4 ÷ 1	35 ÷ 5	3 ÷ 1	30 ÷ 5	0 ÷ 10	9 ÷ 1	5 ÷ 1
54 ÷ 9	7 ÷ 1	6 ÷ 1	36 ÷ 4	4 ÷ 1	40 ÷ 4	100 ÷ 10	80 ÷ 10	54 ÷ 9	30 ÷ 3
0 ÷ 9	54 ÷ 6	2 ÷ 1	40 ÷ 10	28 ÷ 4	12 ÷ 3	6 ÷ 3	4 ÷ 1	49 ÷ 7	60 ÷ 6
18 ÷ 6	24 ÷ 4	63 ÷ 7	1 ÷ 1	72 ÷ 8	14 ÷ 2	36 ÷ 4	90 ÷ 9	0 ÷ 6	50 ÷ 5

16 ÷ 8	12 ÷ 3	2 ÷ 2	0 ÷ 3	20 ÷ 2	18 ÷ 9	56 ÷ 7	42 ÷ 6	49 ÷ 7	21 ÷ 7
40 ÷ 10	3 ÷ 3	15 ÷ 5	6 ÷ 6	5 ÷ 5	72 ÷ 8	45 ÷ 5	6 ÷ 2	63 ÷ 9	6 ÷ 1
60 ÷ 6	8 ÷ 8	6 ÷ 1	9 ÷ 3	12 ÷ 4	18 ÷ 3	14 ÷ 2	30 ÷ 6	30 ÷ 3	0 ÷ 10
90 ÷ 10	6 ÷ 1	49 ÷ 7	20 ÷ 10	8 ÷ 2	9 ÷ 9	30 ÷ 5	60 ÷ 10	80 ÷ 10	90 ÷ 10
9 ÷ 9	0 ÷ 4	8 ÷ 1	18 ÷ 3	56 ÷ 8	18 ÷ 9	0 ÷ 5	1 ÷ 1	72 ÷ 8	56 ÷ 7
56 ÷ 8	54 ÷ 9	30 ÷ 6	0 ÷ 1	45 ÷ 9	3 ÷ 1	9 ÷ 1	20 ÷ 2	0 ÷ 1	0 ÷ 10
0 ÷ 7	18 ÷ 2	0 ÷ 7	21 ÷ 7	18 ÷ 2	5 ÷ 5	9 ÷ 3	30 ÷ 3	18 ÷ 3	0 ÷ 4
8 ÷ 4	0 ÷ 3	36 ÷ 4	14 ÷ 7	54 ÷ 6	21 ÷ 7	8 ÷ 1	30 ÷ 10	12 ÷ 6	14 ÷ 7
9 ÷ 9	60 ÷ 10	32 ÷ 8	8 ÷ 1	90 ÷ 10	4 ÷ 2	0 ÷ 10	6 ÷ 3	42 ÷ 6	40 ÷ 8
72 ÷ 9	20 ÷ 5	36 ÷ 9	48 ÷ 6	45 ÷ 5	42 ÷ 7	70 ÷ 7	30 ÷ 10	42 ÷ 6	7 ÷ 1

Name : _____ Time : _____ Score : ___/100

18 ÷ 9	21 ÷ 3	7 ÷ 7	15 ÷ 5	28 ÷ 4	90 ÷ 10	30 ÷ 10	24 ÷ 3	50 ÷ 10	48 ÷ 6
81 ÷ 9	42 ÷ 6	0 ÷ 8	2 ÷ 1	0 ÷ 8	21 ÷ 7	3 ÷ 1	80 ÷ 8	18 ÷ 3	9 ÷ 1
18 ÷ 9	30 ÷ 6	0 ÷ 7	27 ÷ 9	0 ÷ 9	4 ÷ 2	20 ÷ 5	30 ÷ 5	10 ÷ 1	40 ÷ 10
10 ÷ 2	28 ÷ 7	0 ÷ 7	30 ÷ 10	7 ÷ 1	27 ÷ 3	56 ÷ 7	14 ÷ 2	6 ÷ 2	21 ÷ 7
3 ÷ 1	18 ÷ 6	54 ÷ 6	0 ÷ 10	0 ÷ 7	60 ÷ 6	3 ÷ 3	70 ÷ 10	24 ÷ 3	60 ÷ 6
10 ÷ 10	8 ÷ 2	5 ÷ 1	2 ÷ 1	10 ÷ 1	7 ÷ 1	14 ÷ 2	36 ÷ 9	28 ÷ 7	36 ÷ 6
28 ÷ 7	4 ÷ 1	60 ÷ 6	9 ÷ 9	16 ÷ 8	50 ÷ 5	2 ÷ 1	54 ÷ 6	5 ÷ 1	18 ÷ 6
8 ÷ 1	8 ÷ 4	36 ÷ 4	25 ÷ 5	24 ÷ 8	14 ÷ 7	20 ÷ 10	36 ÷ 9	15 ÷ 3	14 ÷ 7
24 ÷ 4	36 ÷ 6	32 ÷ 4	60 ÷ 10	4 ÷ 2	28 ÷ 4	35 ÷ 7	6 ÷ 1	12 ÷ 6	90 ÷ 9
8 ÷ 4	6 ÷ 1	36 ÷ 9	30 ÷ 5	24 ÷ 8	32 ÷ 4	90 ÷ 10	60 ÷ 6	80 ÷ 8	16 ÷ 8

Day 22

Name : _____   Time : _____   Score : ___/100

10 ÷ 10	30 ÷ 6	4 ÷ 1	54 ÷ 6	10 ÷ 10	56 ÷ 7	40 ÷ 5	25 ÷ 5	8 ÷ 4	42 ÷ 7
64 ÷ 8	12 ÷ 3	8 ÷ 8	48 ÷ 6	63 ÷ 7	40 ÷ 5	0 ÷ 2	32 ÷ 8	20 ÷ 10	54 ÷ 6
12 ÷ 4	63 ÷ 9	7 ÷ 1	64 ÷ 8	24 ÷ 6	0 ÷ 3	8 ÷ 4	0 ÷ 8	2 ÷ 1	100 ÷ 10
6 ÷ 2	50 ÷ 10	70 ÷ 7	5 ÷ 5	90 ÷ 9	40 ÷ 10	8 ÷ 2	12 ÷ 2	30 ÷ 5	20 ÷ 4
0 ÷ 8	0 ÷ 2	18 ÷ 2	28 ÷ 4	6 ÷ 3	32 ÷ 8	20 ÷ 2	80 ÷ 8	21 ÷ 3	54 ÷ 9
30 ÷ 10	40 ÷ 10	32 ÷ 8	0 ÷ 4	14 ÷ 7	3 ÷ 1	2 ÷ 1	40 ÷ 10	63 ÷ 7	14 ÷ 2
60 ÷ 6	0 ÷ 10	12 ÷ 3	40 ÷ 4	70 ÷ 7	20 ÷ 10	8 ÷ 2	42 ÷ 6	36 ÷ 4	2 ÷ 1
6 ÷ 1	8 ÷ 1	50 ÷ 5	45 ÷ 5	8 ÷ 4	21 ÷ 7	4 ÷ 1	56 ÷ 8	54 ÷ 6	72 ÷ 9
40 ÷ 4	16 ÷ 2	6 ÷ 1	70 ÷ 10	4 ÷ 2	25 ÷ 5	70 ÷ 10	0 ÷ 6	40 ÷ 4	8 ÷ 2
10 ÷ 1	70 ÷ 10	30 ÷ 5	10 ÷ 1	36 ÷ 4	10 ÷ 10	0 ÷ 6	0 ÷ 6	48 ÷ 6	10 ÷ 10

22

20 ÷ 10	63 ÷ 7	14 ÷ 2	12 ÷ 2	5 ÷ 1	14 ÷ 2	9 ÷ 3	30 ÷ 3	1 ÷ 1	16 ÷ 2
25 ÷ 5	15 ÷ 3	30 ÷ 10	42 ÷ 6	2 ÷ 1	8 ÷ 8	10 ÷ 1	4 ÷ 1	6 ÷ 2	90 ÷ 10
20 ÷ 5	90 ÷ 10	3 ÷ 3	6 ÷ 1	4 ÷ 2	40 ÷ 4	30 ÷ 3	14 ÷ 7	8 ÷ 1	50 ÷ 10
12 ÷ 3	16 ÷ 2	15 ÷ 3	18 ÷ 9	5 ÷ 1	9 ÷ 1	0 ÷ 10	4 ÷ 1	90 ÷ 10	25 ÷ 5
18 ÷ 9	28 ÷ 7	12 ÷ 2	4 ÷ 4	70 ÷ 10	54 ÷ 9	72 ÷ 9	12 ÷ 3	7 ÷ 1	0 ÷ 6
27 ÷ 9	18 ÷ 2	56 ÷ 8	80 ÷ 10	49 ÷ 7	16 ÷ 2	9 ÷ 1	36 ÷ 4	1 ÷ 1	3 ÷ 1
0 ÷ 3	12 ÷ 2	81 ÷ 9	24 ÷ 6	9 ÷ 3	1 ÷ 1	81 ÷ 9	32 ÷ 8	18 ÷ 9	4 ÷ 2
16 ÷ 2	18 ÷ 9	72 ÷ 8	2 ÷ 1	24 ÷ 4	42 ÷ 6	36 ÷ 4	9 ÷ 9	9 ÷ 1	15 ÷ 3
3 ÷ 1	15 ÷ 3	18 ÷ 2	0 ÷ 4	8 ÷ 1	56 ÷ 7	54 ÷ 6	64 ÷ 8	24 ÷ 6	10 ÷ 1
40 ÷ 5	90 ÷ 10	64 ÷ 8	40 ÷ 8	18 ÷ 6	24 ÷ 4	8 ÷ 2	7 ÷ 1	45 ÷ 5	0 ÷ 5

18	2	20	16	0	24	8	10	40	12
÷ 3	÷ 1	÷ 10	÷ 4	÷ 8	÷ 3	÷ 8	÷ 5	÷ 4	÷ 4

90	16	28	36	81	60	32	10	90	3
÷ 10	÷ 2	÷ 4	÷ 9	÷ 9	÷ 6	÷ 8	÷ 10	÷ 10	÷ 3

9	81	60	0	45	63	6	28	12	30
÷ 1	÷ 9	÷ 6	÷ 1	÷ 9	÷ 9	÷ 2	÷ 4	÷ 2	÷ 3

14	3	20	50	30	6	8	7	0	28
÷ 2	÷ 1	÷ 10	÷ 10	÷ 5	÷ 1	÷ 4	÷ 1	÷ 7	÷ 7

0	56	45	32	0	12	27	30	15	30
÷ 3	÷ 7	÷ 9	÷ 4	÷ 10	÷ 6	÷ 9	÷ 5	÷ 5	÷ 10

6	8	18	1	6	15	36	2	42	0
÷ 1	÷ 8	÷ 3	÷ 1	÷ 1	÷ 3	÷ 6	÷ 2	÷ 6	÷ 9

0	18	4	0	20	20	1	16	90	40
÷ 5	÷ 6	÷ 2	÷ 4	÷ 10	÷ 5	÷ 1	÷ 2	÷ 10	÷ 10

0	18	60	42	27	0	4	16	7	5
÷ 10	÷ 3	÷ 6	÷ 7	÷ 9	÷ 3	÷ 4	÷ 2	÷ 1	÷ 5

20	3	8	35	70	8	4	0	60	56
÷ 5	÷ 1	÷ 1	÷ 7	÷ 10	÷ 1	÷ 1	÷ 10	÷ 6	÷ 7

6	12	4	0	9	5	50	54	50	3
÷ 1	÷ 4	÷ 1	÷ 7	÷ 3	÷ 1	÷ 5	÷ 6	÷ 5	÷ 3

Day 25

90 ÷ 10	20 ÷ 2	14 ÷ 7	35 ÷ 7	5 ÷ 1	20 ÷ 5	20 ÷ 5	15 ÷ 3	15 ÷ 3	0 ÷ 5
9 ÷ 3	18 ÷ 3	12 ÷ 6	0 ÷ 1	36 ÷ 6	5 ÷ 1	16 ÷ 4	81 ÷ 9	36 ÷ 4	25 ÷ 5
32 ÷ 8	6 ÷ 3	12 ÷ 6	70 ÷ 7	12 ÷ 3	72 ÷ 8	16 ÷ 2	2 ÷ 1	0 ÷ 10	8 ÷ 4
72 ÷ 8	90 ÷ 10	4 ÷ 2	0 ÷ 2	0 ÷ 7	35 ÷ 5	9 ÷ 3	15 ÷ 5	18 ÷ 6	56 ÷ 8
30 ÷ 6	5 ÷ 5	0 ÷ 7	56 ÷ 8	81 ÷ 9	20 ÷ 5	64 ÷ 8	3 ÷ 1	45 ÷ 5	4 ÷ 1
28 ÷ 7	16 ÷ 8	90 ÷ 9	50 ÷ 5	8 ÷ 4	18 ÷ 9	36 ÷ 6	18 ÷ 9	40 ÷ 8	2 ÷ 1
48 ÷ 6	72 ÷ 8	35 ÷ 7	56 ÷ 7	80 ÷ 10	7 ÷ 1	80 ÷ 8	1 ÷ 1	20 ÷ 5	14 ÷ 7
5 ÷ 5	28 ÷ 4	0 ÷ 9	14 ÷ 7	45 ÷ 5	10 ÷ 1	9 ÷ 1	6 ÷ 2	49 ÷ 7	72 ÷ 9
0 ÷ 1	63 ÷ 7	28 ÷ 7	63 ÷ 9	56 ÷ 8	49 ÷ 7	40 ÷ 5	56 ÷ 8	25 ÷ 5	30 ÷ 3
0 ÷ 3	6 ÷ 1	30 ÷ 6	9 ÷ 3	80 ÷ 10	42 ÷ 6	32 ÷ 4	0 ÷ 1	30 ÷ 6	35 ÷ 5

Name : _____   Time : _____   Score : ___/100

40 ÷ 5	9 ÷ 1	30 ÷ 5	0 ÷ 8	18 ÷ 6	12 ÷ 3	1 ÷ 1	4 ÷ 1	24 ÷ 6	30 ÷ 3
9 ÷ 1	90 ÷ 9	12 ÷ 4	5 ÷ 5	24 ÷ 8	5 ÷ 1	6 ÷ 3	21 ÷ 7	4 ÷ 1	1 ÷ 1
30 ÷ 10	100 ÷ 10	14 ÷ 2	27 ÷ 3	63 ÷ 7	5 ÷ 1	16 ÷ 4	21 ÷ 7	4 ÷ 1	3 ÷ 3
6 ÷ 6	6 ÷ 6	0 ÷ 2	4 ÷ 1	2 ÷ 1	54 ÷ 6	70 ÷ 10	16 ÷ 2	35 ÷ 7	32 ÷ 8
50 ÷ 10	4 ÷ 1	3 ÷ 1	20 ÷ 5	72 ÷ 8	0 ÷ 6	6 ÷ 2	0 ÷ 10	20 ÷ 5	90 ÷ 9
32 ÷ 4	24 ÷ 8	3 ÷ 1	42 ÷ 6	10 ÷ 5	35 ÷ 5	72 ÷ 9	81 ÷ 9	3 ÷ 3	2 ÷ 2
9 ÷ 1	18 ÷ 3	21 ÷ 7	8 ÷ 4	36 ÷ 6	21 ÷ 3	4 ÷ 1	30 ÷ 10	3 ÷ 1	14 ÷ 2
0 ÷ 1	56 ÷ 7	20 ÷ 10	9 ÷ 1	7 ÷ 7	36 ÷ 4	0 ÷ 8	0 ÷ 1	36 ÷ 4	0 ÷ 1
4 ÷ 1	81 ÷ 9	8 ÷ 1	3 ÷ 1	2 ÷ 1	80 ÷ 10	70 ÷ 10	70 ÷ 10	54 ÷ 9	63 ÷ 9
27 ÷ 3	2 ÷ 1	18 ÷ 9	2 ÷ 2	12 ÷ 4	2 ÷ 2	36 ÷ 9	20 ÷ 5	6 ÷ 1	0 ÷ 8

49 ÷ 7	45 ÷ 9	1 ÷ 1	20 ÷ 2	35 ÷ 5	42 ÷ 7	5 ÷ 1	16 ÷ 4	20 ÷ 10	10 ÷ 1
40 ÷ 8	12 ÷ 3	16 ÷ 4	9 ÷ 3	5 ÷ 1	0 ÷ 7	8 ÷ 1	20 ÷ 5	40 ÷ 8	49 ÷ 7
14 ÷ 2	18 ÷ 6	80 ÷ 10	9 ÷ 3	0 ÷ 8	24 ÷ 8	10 ÷ 5	0 ÷ 9	16 ÷ 4	8 ÷ 1
8 ÷ 8	4 ÷ 1	81 ÷ 9	16 ÷ 2	0 ÷ 3	18 ÷ 6	27 ÷ 9	40 ÷ 10	0 ÷ 3	4 ÷ 1
12 ÷ 3	49 ÷ 7	20 ÷ 5	2 ÷ 2	6 ÷ 3	60 ÷ 6	45 ÷ 9	18 ÷ 3	18 ÷ 3	70 ÷ 7
4 ÷ 1	48 ÷ 8	18 ÷ 2	30 ÷ 3	15 ÷ 5	0 ÷ 5	3 ÷ 1	28 ÷ 7	15 ÷ 3	18 ÷ 2
24 ÷ 6	2 ÷ 2	6 ÷ 1	60 ÷ 10	27 ÷ 3	9 ÷ 3	35 ÷ 7	5 ÷ 1	54 ÷ 6	20 ÷ 4
72 ÷ 9	20 ÷ 10	30 ÷ 6	9 ÷ 1	7 ÷ 1	30 ÷ 3	72 ÷ 9	28 ÷ 4	4 ÷ 2	0 ÷ 7
5 ÷ 5	63 ÷ 7	8 ÷ 1	7 ÷ 1	42 ÷ 7	48 ÷ 6	16 ÷ 4	6 ÷ 1	20 ÷ 2	27 ÷ 3
10 ÷ 5	20 ÷ 4	6 ÷ 1	36 ÷ 9	12 ÷ 4	6 ÷ 2	36 ÷ 6	8 ÷ 1	2 ÷ 1	10 ÷ 1

Name : _____ Time : _____ Score : /100

12 ÷ 3	16 ÷ 8	36 ÷ 4	48 ÷ 8	4 ÷ 1	36 ÷ 4	10 ÷ 1	40 ÷ 8	10 ÷ 1	8 ÷ 1

| 40 ÷ 4 | 49 ÷ 7 | 40 ÷ 5 | 0 ÷ 1 | 5 ÷ 5 | 21 ÷ 3 | 12 ÷ 3 | 56 ÷ 8 | 0 ÷ 8 | 42 ÷ 6 |

| 10 ÷ 5 | 1 ÷ 1 | 80 ÷ 10 | 80 ÷ 10 | 5 ÷ 1 | 27 ÷ 9 | 14 ÷ 2 | 90 ÷ 9 | 0 ÷ 10 | 12 ÷ 6 |

| 36 ÷ 9 | 10 ÷ 1 | 8 ÷ 8 | 45 ÷ 5 | 7 ÷ 1 | 40 ÷ 4 | 6 ÷ 1 | 5 ÷ 1 | 2 ÷ 1 | 21 ÷ 3 |

| 56 ÷ 7 | 21 ÷ 7 | 0 ÷ 9 | 49 ÷ 7 | 12 ÷ 4 | 3 ÷ 3 | 80 ÷ 10 | 24 ÷ 4 | 21 ÷ 7 | 40 ÷ 4 |

| 2 ÷ 1 | 16 ÷ 4 | 24 ÷ 4 | 6 ÷ 1 | 4 ÷ 4 | 35 ÷ 5 | 12 ÷ 2 | 45 ÷ 9 | 4 ÷ 1 | 4 ÷ 1 |

| 24 ÷ 3 | 63 ÷ 7 | 18 ÷ 3 | 10 ÷ 10 | 4 ÷ 1 | 0 ÷ 7 | 2 ÷ 2 | 8 ÷ 8 | 6 ÷ 1 | 42 ÷ 6 |

| 6 ÷ 3 | 9 ÷ 1 | 63 ÷ 7 | 24 ÷ 8 | 20 ÷ 2 | 27 ÷ 3 | 8 ÷ 4 | 60 ÷ 6 | 4 ÷ 1 | 80 ÷ 8 |

| 6 ÷ 1 | 54 ÷ 9 | 21 ÷ 7 | 4 ÷ 1 | 30 ÷ 10 | 36 ÷ 9 | 1 ÷ 1 | 1 ÷ 1 | 40 ÷ 4 | 27 ÷ 3 |

| 30 ÷ 10 | 6 ÷ 6 | 0 ÷ 10 | 21 ÷ 3 | 7 ÷ 7 | 9 ÷ 1 | 16 ÷ 2 | 4 ÷ 4 | 3 ÷ 3 | 2 ÷ 2 |

0 ÷ 5	54 ÷ 6	42 ÷ 7	40 ÷ 4	25 ÷ 5	40 ÷ 4	2 ÷ 1	21 ÷ 3	5 ÷ 5	60 ÷ 6
7 ÷ 7	12 ÷ 6	10 ÷ 1	6 ÷ 1	36 ÷ 6	6 ÷ 6	72 ÷ 9	30 ÷ 5	48 ÷ 6	20 ÷ 5
7 ÷ 7	40 ÷ 10	18 ÷ 9	40 ÷ 5	6 ÷ 1	0 ÷ 2	90 ÷ 10	40 ÷ 5	3 ÷ 3	80 ÷ 8
36 ÷ 9	10 ÷ 2	5 ÷ 5	20 ÷ 2	72 ÷ 8	45 ÷ 9	42 ÷ 7	25 ÷ 5	60 ÷ 6	0 ÷ 6
60 ÷ 10	45 ÷ 5	0 ÷ 6	6 ÷ 6	35 ÷ 5	40 ÷ 10	15 ÷ 5	1 ÷ 1	5 ÷ 1	3 ÷ 1
56 ÷ 7	6 ÷ 6	49 ÷ 7	64 ÷ 8	0 ÷ 5	0 ÷ 10	20 ÷ 2	20 ÷ 4	50 ÷ 10	2 ÷ 2
30 ÷ 10	5 ÷ 1	8 ÷ 8	24 ÷ 6	12 ÷ 6	35 ÷ 7	49 ÷ 7	5 ÷ 1	21 ÷ 7	16 ÷ 8
3 ÷ 1	70 ÷ 7	24 ÷ 8	6 ÷ 2	0 ÷ 4	27 ÷ 9	30 ÷ 6	10 ÷ 1	40 ÷ 5	32 ÷ 8
3 ÷ 1	2 ÷ 1	3 ÷ 3	63 ÷ 7	16 ÷ 8	1 ÷ 1	48 ÷ 6	0 ÷ 6	15 ÷ 3	48 ÷ 8
4 ÷ 1	12 ÷ 3	0 ÷ 4	18 ÷ 3	10 ÷ 5	21 ÷ 7	15 ÷ 5	45 ÷ 5	5 ÷ 1	42 ÷ 6

Name : _____   Time : _____   Score : ___/100

6 ÷ 1	24 ÷ 4	25 ÷ 5	8 ÷ 1	24 ÷ 3	30 ÷ 6	18 ÷ 9	56 ÷ 8	21 ÷ 3	10 ÷ 1
0 ÷ 6	6 ÷ 2	63 ÷ 7	45 ÷ 5	3 ÷ 3	80 ÷ 8	5 ÷ 1	35 ÷ 7	0 ÷ 3	21 ÷ 3
32 ÷ 4	70 ÷ 7	25 ÷ 5	18 ÷ 3	40 ÷ 5	10 ÷ 5	30 ÷ 10	10 ÷ 5	60 ÷ 6	20 ÷ 2
0 ÷ 1	70 ÷ 10	25 ÷ 5	0 ÷ 1	10 ÷ 10	5 ÷ 1	28 ÷ 4	56 ÷ 7	42 ÷ 7	56 ÷ 7
7 ÷ 7	40 ÷ 4	36 ÷ 9	50 ÷ 10	9 ÷ 1	42 ÷ 6	0 ÷ 2	4 ÷ 1	12 ÷ 6	24 ÷ 4
10 ÷ 5	50 ÷ 5	60 ÷ 10	28 ÷ 4	0 ÷ 2	20 ÷ 10	60 ÷ 10	16 ÷ 4	60 ÷ 6	4 ÷ 2
5 ÷ 5	32 ÷ 4	90 ÷ 10	49 ÷ 7	35 ÷ 7	30 ÷ 10	48 ÷ 6	30 ÷ 10	100 ÷ 10	2 ÷ 1
24 ÷ 3	10 ÷ 1	60 ÷ 10	14 ÷ 7	1 ÷ 1	20 ÷ 5	10 ÷ 2	42 ÷ 6	5 ÷ 5	14 ÷ 7
25 ÷ 5	10 ÷ 5	3 ÷ 1	12 ÷ 3	5 ÷ 5	45 ÷ 9	27 ÷ 3	80 ÷ 10	7 ÷ 1	15 ÷ 3
48 ÷ 8	9 ÷ 1	12 ÷ 4	64 ÷ 8	72 ÷ 9	0 ÷ 4	24 ÷ 3	7 ÷ 1	16 ÷ 8	9 ÷ 3

Day 31

Name : _____   Time : _____   Score : ____/100

9 ÷ 9	40 ÷ 8	3 ÷ 1	18 ÷ 9	35 ÷ 7	14 ÷ 7	32 ÷ 4	6 ÷ 1	20 ÷ 4	40 ÷ 8
72 ÷ 9	36 ÷ 4	0 ÷ 7	60 ÷ 10	40 ÷ 4	12 ÷ 6	27 ÷ 3	80 ÷ 10	40 ÷ 5	60 ÷ 10
48 ÷ 8	28 ÷ 7	0 ÷ 7	21 ÷ 3	4 ÷ 2	16 ÷ 4	4 ÷ 2	5 ÷ 1	90 ÷ 9	36 ÷ 4
40 ÷ 10	40 ÷ 4	45 ÷ 5	4 ÷ 1	40 ÷ 4	72 ÷ 8	4 ÷ 1	18 ÷ 6	12 ÷ 6	28 ÷ 4
0 ÷ 8	8 ÷ 8	54 ÷ 6	3 ÷ 1	0 ÷ 1	0 ÷ 10	12 ÷ 3	0 ÷ 7	80 ÷ 10	24 ÷ 6
24 ÷ 6	28 ÷ 7	48 ÷ 6	63 ÷ 9	80 ÷ 10	20 ÷ 10	12 ÷ 3	28 ÷ 4	12 ÷ 2	60 ÷ 6
80 ÷ 10	12 ÷ 3	8 ÷ 1	72 ÷ 9	54 ÷ 6	80 ÷ 8	20 ÷ 2	40 ÷ 10	25 ÷ 5	20 ÷ 4
0 ÷ 2	18 ÷ 6	3 ÷ 3	7 ÷ 1	100 ÷ 10	18 ÷ 9	36 ÷ 9	20 ÷ 2	63 ÷ 7	0 ÷ 1
14 ÷ 2	18 ÷ 6	16 ÷ 8	12 ÷ 4	12 ÷ 4	63 ÷ 7	1 ÷ 1	8 ÷ 1	20 ÷ 10	2 ÷ 1
42 ÷ 7	2 ÷ 1	12 ÷ 3	70 ÷ 7	60 ÷ 10	8 ÷ 8	60 ÷ 10	63 ÷ 7	40 ÷ 10	6 ÷ 1

Name : _____ Time : _____ Score : ___/100

80 ÷ 8	6 ÷ 1	40 ÷ 5	28 ÷ 4	10 ÷ 1	14 ÷ 2	90 ÷ 9	32 ÷ 8	10 ÷ 1	28 ÷ 7
63 ÷ 7	0 ÷ 2	3 ÷ 1	63 ÷ 7	0 ÷ 7	4 ÷ 4	4 ÷ 4	0 ÷ 8	56 ÷ 8	3 ÷ 1
1 ÷ 1	6 ÷ 1	8 ÷ 4	4 ÷ 2	14 ÷ 2	8 ÷ 4	50 ÷ 5	42 ÷ 6	0 ÷ 2	42 ÷ 6
70 ÷ 7	27 ÷ 3	0 ÷ 5	21 ÷ 7	9 ÷ 3	50 ÷ 5	0 ÷ 5	10 ÷ 2	24 ÷ 3	80 ÷ 10
90 ÷ 9	0 ÷ 7	24 ÷ 8	0 ÷ 1	40 ÷ 4	3 ÷ 3	32 ÷ 4	81 ÷ 9	35 ÷ 7	20 ÷ 4
30 ÷ 3	4 ÷ 4	56 ÷ 8	63 ÷ 9	36 ÷ 9	4 ÷ 1	80 ÷ 8	0 ÷ 6	3 ÷ 1	60 ÷ 6
24 ÷ 6	56 ÷ 8	28 ÷ 4	5 ÷ 1	15 ÷ 5	54 ÷ 9	9 ÷ 9	0 ÷ 10	27 ÷ 3	6 ÷ 2
12 ÷ 6	12 ÷ 3	10 ÷ 10	30 ÷ 5	72 ÷ 8	0 ÷ 3	5 ÷ 5	5 ÷ 5	21 ÷ 3	24 ÷ 6
72 ÷ 9	14 ÷ 2	12 ÷ 3	45 ÷ 9	64 ÷ 8	40 ÷ 8	0 ÷ 10	5 ÷ 1	56 ÷ 7	4 ÷ 1
18 ÷ 9	30 ÷ 5	27 ÷ 9	36 ÷ 4	0 ÷ 2	63 ÷ 7	7 ÷ 7	9 ÷ 1	0 ÷ 10	24 ÷ 4

Day 33

56 ÷ 7	24 ÷ 3	0 ÷ 6	30 ÷ 5	5 ÷ 5	9 ÷ 3	15 ÷ 5	6 ÷ 3	8 ÷ 4	90 ÷ 10
56 ÷ 8	12 ÷ 6	18 ÷ 6	6 ÷ 2	21 ÷ 3	21 ÷ 7	70 ÷ 10	14 ÷ 2	36 ÷ 4	0 ÷ 3
60 ÷ 10	18 ÷ 2	20 ÷ 5	40 ÷ 8	0 ÷ 5	0 ÷ 9	20 ÷ 5	3 ÷ 1	5 ÷ 1	0 ÷ 1
42 ÷ 7	54 ÷ 6	80 ÷ 10	10 ÷ 5	60 ÷ 6	70 ÷ 7	6 ÷ 1	8 ÷ 4	0 ÷ 9	27 ÷ 9
50 ÷ 5	24 ÷ 4	5 ÷ 1	36 ÷ 4	0 ÷ 3	24 ÷ 3	27 ÷ 9	4 ÷ 1	14 ÷ 2	60 ÷ 6
18 ÷ 6	2 ÷ 1	56 ÷ 7	10 ÷ 5	12 ÷ 6	24 ÷ 3	0 ÷ 7	3 ÷ 1	90 ÷ 9	45 ÷ 9
10 ÷ 1	36 ÷ 4	1 ÷ 1	20 ÷ 4	28 ÷ 7	25 ÷ 5	50 ÷ 5	32 ÷ 8	72 ÷ 8	18 ÷ 3
18 ÷ 2	7 ÷ 1	7 ÷ 1	28 ÷ 7	6 ÷ 1	24 ÷ 6	30 ÷ 6	30 ÷ 10	18 ÷ 9	0 ÷ 4
21 ÷ 3	4 ÷ 1	48 ÷ 8	10 ÷ 1	49 ÷ 7	0 ÷ 1	60 ÷ 6	27 ÷ 9	5 ÷ 1	4 ÷ 1
54 ÷ 9	0 ÷ 3	45 ÷ 9	0 ÷ 8	20 ÷ 5	54 ÷ 6	45 ÷ 5	45 ÷ 9	0 ÷ 3	48 ÷ 8

Day 34

Name : _____ Time : _____ Score : /100

15 ÷ 3	24 ÷ 3	0 ÷ 9	0 ÷ 9	3 ÷ 3	10 ÷ 1	90 ÷ 10	12 ÷ 4	30 ÷ 5	0 ÷ 1
36 ÷ 6	0 ÷ 3	21 ÷ 3	6 ÷ 3	24 ÷ 4	16 ÷ 4	16 ÷ 2	35 ÷ 5	4 ÷ 1	10 ÷ 2
27 ÷ 9	45 ÷ 9	0 ÷ 6	32 ÷ 8	28 ÷ 4	24 ÷ 8	0 ÷ 6	14 ÷ 2	63 ÷ 7	6 ÷ 1
20 ÷ 5	8 ÷ 1	5 ÷ 1	25 ÷ 5	9 ÷ 1	35 ÷ 5	45 ÷ 5	6 ÷ 2	2 ÷ 1	28 ÷ 7
7 ÷ 1	81 ÷ 9	40 ÷ 4	45 ÷ 9	72 ÷ 8	30 ÷ 5	8 ÷ 4	21 ÷ 7	70 ÷ 10	24 ÷ 3
0 ÷ 1	80 ÷ 10	54 ÷ 9	16 ÷ 4	16 ÷ 2	27 ÷ 9	3 ÷ 1	32 ÷ 4	4 ÷ 1	0 ÷ 9
40 ÷ 10	72 ÷ 8	3 ÷ 3	64 ÷ 8	15 ÷ 5	63 ÷ 9	5 ÷ 1	63 ÷ 9	12 ÷ 2	9 ÷ 3
35 ÷ 7	36 ÷ 6	49 ÷ 7	35 ÷ 5	0 ÷ 9	30 ÷ 5	1 ÷ 1	56 ÷ 8	21 ÷ 3	56 ÷ 7
7 ÷ 1	48 ÷ 8	15 ÷ 5	2 ÷ 1	20 ÷ 2	18 ÷ 9	20 ÷ 10	28 ÷ 7	15 ÷ 3	8 ÷ 1
32 ÷ 8	28 ÷ 4	42 ÷ 7	20 ÷ 10	27 ÷ 9	3 ÷ 1	27 ÷ 3	32 ÷ 8	21 ÷ 3	4 ÷ 1

$S_{ABC} = \frac{1}{2} SO \cdot AB = SO \cdot OB = 4 \cdot 4\sqrt{3} = 16\sqrt{3}$

Name : _____ Time : _____ Score : _____/100

40 ÷ 5	6 ÷ 2	63 ÷ 9	5 ÷ 1	20 ÷ 4	64 ÷ 8	48 ÷ 6	80 ÷ 10	28 ÷ 7	3 ÷ 1
27 ÷ 9	0 ÷ 1	18 ÷ 9	3 ÷ 3	90 ÷ 9	42 ÷ 6	20 ÷ 4	6 ÷ 1	25 ÷ 5	72 ÷ 9
0 ÷ 1	18 ÷ 2	50 ÷ 5	63 ÷ 7	63 ÷ 7	9 ÷ 3	45 ÷ 9	15 ÷ 5	0 ÷ 10	40 ÷ 8
80 ÷ 8	14 ÷ 7	48 ÷ 6	0 ÷ 5	21 ÷ 3	14 ÷ 7	8 ÷ 2	60 ÷ 6	42 ÷ 6	9 ÷ 1
0 ÷ 10	6 ÷ 2	90 ÷ 10	10 ÷ 1	56 ÷ 8	10 ÷ 10	40 ÷ 4	18 ÷ 3	7 ÷ 1	80 ÷ 10
60 ÷ 10	4 ÷ 2	5 ÷ 1	30 ÷ 10	49 ÷ 7	36 ÷ 9	72 ÷ 9	16 ÷ 4	6 ÷ 1	40 ÷ 10
12 ÷ 6	0 ÷ 8	3 ÷ 3	7 ÷ 7	6 ÷ 3	0 ÷ 8	54 ÷ 6	0 ÷ 10	36 ÷ 6	1 ÷ 1
21 ÷ 3	0 ÷ 3	35 ÷ 5	21 ÷ 7	81 ÷ 9	20 ÷ 10	24 ÷ 8	24 ÷ 8	24 ÷ 3	15 ÷ 5
9 ÷ 1	20 ÷ 2	81 ÷ 9	0 ÷ 1	9 ÷ 1	0 ÷ 2	0 ÷ 6	50 ÷ 10	0 ÷ 7	10 ÷ 10
24 ÷ 8	56 ÷ 7	30 ÷ 5	54 ÷ 6	36 ÷ 4	35 ÷ 5	20 ÷ 5	10 ÷ 1	2 ÷ 1	18 ÷ 2

Day 36   Name : _____   Time : _____   Score : ___/100

0 ÷ 5	6 ÷ 2	81 ÷ 9	7 ÷ 7	42 ÷ 6	4 ÷ 2	70 ÷ 7	21 ÷ 7	54 ÷ 9	42 ÷ 7
32 ÷ 8	1 ÷ 1	45 ÷ 9	5 ÷ 1	80 ÷ 8	100 ÷ 10	40 ÷ 10	9 ÷ 3	40 ÷ 10	25 ÷ 5
80 ÷ 10	6 ÷ 1	36 ÷ 6	5 ÷ 1	0 ÷ 1	20 ÷ 10	21 ÷ 3	63 ÷ 7	6 ÷ 1	12 ÷ 6
21 ÷ 3	72 ÷ 9	50 ÷ 5	100 ÷ 10	0 ÷ 1	27 ÷ 3	60 ÷ 10	27 ÷ 9	12 ÷ 4	21 ÷ 7
24 ÷ 3	2 ÷ 1	7 ÷ 1	90 ÷ 10	0 ÷ 10	16 ÷ 8	16 ÷ 4	80 ÷ 8	1 ÷ 1	16 ÷ 4
4 ÷ 2	12 ÷ 4	4 ÷ 1	90 ÷ 10	30 ÷ 10	16 ÷ 2	35 ÷ 7	18 ÷ 6	72 ÷ 8	9 ÷ 1
15 ÷ 3	42 ÷ 7	8 ÷ 1	81 ÷ 9	20 ÷ 2	0 ÷ 10	50 ÷ 5	24 ÷ 8	24 ÷ 6	24 ÷ 4
20 ÷ 10	0 ÷ 6	6 ÷ 3	14 ÷ 2	10 ÷ 1	6 ÷ 2	20 ÷ 2	12 ÷ 6	10 ÷ 10	45 ÷ 5
42 ÷ 7	64 ÷ 8	50 ÷ 10	18 ÷ 6	60 ÷ 6	90 ÷ 10	54 ÷ 9	10 ÷ 1	30 ÷ 3	7 ÷ 1
56 ÷ 7	40 ÷ 5	40 ÷ 10	6 ÷ 2	8 ÷ 2	7 ÷ 1	14 ÷ 7	0 ÷ 6	24 ÷ 6	14 ÷ 2

Day 37

Name : _____   Time : _____   Score : /100

50 ÷ 10	8 ÷ 8	8 ÷ 2	35 ÷ 5	60 ÷ 10	0 ÷ 6	45 ÷ 9	81 ÷ 9	6 ÷ 2	100 ÷ 10
40 ÷ 5	24 ÷ 6	40 ÷ 10	18 ÷ 6	6 ÷ 1	0 ÷ 2	42 ÷ 7	48 ÷ 6	54 ÷ 9	0 ÷ 9
49 ÷ 7	4 ÷ 1	32 ÷ 4	32 ÷ 8	15 ÷ 3	24 ÷ 4	20 ÷ 10	64 ÷ 8	3 ÷ 3	32 ÷ 4
3 ÷ 1	20 ÷ 5	0 ÷ 2	42 ÷ 7	16 ÷ 2	16 ÷ 8	8 ÷ 1	8 ÷ 8	0 ÷ 9	48 ÷ 6
30 ÷ 10	15 ÷ 3	21 ÷ 3	30 ÷ 10	42 ÷ 7	20 ÷ 10	16 ÷ 8	18 ÷ 9	100 ÷ 10	0 ÷ 7
5 ÷ 1	0 ÷ 6	0 ÷ 3	18 ÷ 6	2 ÷ 1	16 ÷ 4	21 ÷ 7	18 ÷ 9	80 ÷ 8	40 ÷ 8
12 ÷ 2	21 ÷ 3	3 ÷ 3	54 ÷ 6	40 ÷ 8	9 ÷ 1	5 ÷ 5	7 ÷ 7	0 ÷ 6	10 ÷ 1
35 ÷ 7	8 ÷ 4	24 ÷ 6	36 ÷ 4	90 ÷ 9	8 ÷ 8	72 ÷ 9	10 ÷ 1	0 ÷ 1	10 ÷ 1
42 ÷ 6	48 ÷ 8	9 ÷ 1	3 ÷ 1	40 ÷ 10	3 ÷ 1	36 ÷ 9	0 ÷ 8	18 ÷ 9	9 ÷ 9
0 ÷ 5	6 ÷ 1	70 ÷ 10	6 ÷ 3	16 ÷ 8	0 ÷ 1	42 ÷ 6	12 ÷ 6	64 ÷ 8	50 ÷ 10

20 ÷ 10	30 ÷ 6	12 ÷ 2	45 ÷ 5	14 ÷ 7	40 ÷ 8	45 ÷ 5	0 ÷ 7	0 ÷ 5	90 ÷ 10
6 ÷ 1	56 ÷ 7	3 ÷ 3	4 ÷ 1	30 ÷ 3	16 ÷ 8	49 ÷ 7	42 ÷ 7	7 ÷ 7	30 ÷ 6
16 ÷ 2	0 ÷ 1	9 ÷ 1	60 ÷ 6	20 ÷ 5	56 ÷ 8	24 ÷ 4	0 ÷ 1	2 ÷ 2	56 ÷ 7
15 ÷ 5	0 ÷ 5	15 ÷ 3	2 ÷ 2	0 ÷ 7	8 ÷ 4	1 ÷ 1	8 ÷ 1	0 ÷ 2	10 ÷ 10
21 ÷ 3	18 ÷ 3	36 ÷ 9	5 ÷ 1	0 ÷ 1	2 ÷ 2	0 ÷ 4	3 ÷ 1	14 ÷ 2	9 ÷ 3
6 ÷ 1	24 ÷ 6	8 ÷ 1	20 ÷ 5	18 ÷ 6	0 ÷ 8	0 ÷ 8	1 ÷ 1	18 ÷ 9	10 ÷ 2
64 ÷ 8	4 ÷ 2	0 ÷ 10	32 ÷ 4	28 ÷ 7	8 ÷ 8	9 ÷ 9	40 ÷ 10	18 ÷ 2	48 ÷ 8
30 ÷ 5	64 ÷ 8	40 ÷ 8	18 ÷ 6	7 ÷ 1	12 ÷ 2	6 ÷ 3	49 ÷ 7	24 ÷ 6	10 ÷ 1
64 ÷ 8	15 ÷ 5	1 ÷ 1	30 ÷ 3	0 ÷ 1	60 ÷ 6	54 ÷ 9	0 ÷ 6	40 ÷ 10	10 ÷ 10
35 ÷ 7	4 ÷ 1	0 ÷ 2	5 ÷ 1	12 ÷ 2	12 ÷ 2	72 ÷ 8	32 ÷ 8	14 ÷ 2	12 ÷ 3

Day 39

27 ÷ 9	0 ÷ 3	6 ÷ 3	36 ÷ 9	0 ÷ 4	6 ÷ 1	80 ÷ 10	24 ÷ 3	30 ÷ 10	36 ÷ 4
24 ÷ 8	36 ÷ 9	6 ÷ 1	50 ÷ 5	25 ÷ 5	2 ÷ 1	18 ÷ 9	70 ÷ 7	4 ÷ 1	18 ÷ 9
6 ÷ 2	21 ÷ 7	12 ÷ 2	4 ÷ 2	49 ÷ 7	70 ÷ 10	7 ÷ 1	6 ÷ 1	50 ÷ 5	14 ÷ 7
10 ÷ 1	15 ÷ 3	81 ÷ 9	3 ÷ 1	8 ÷ 8	24 ÷ 4	0 ÷ 1	24 ÷ 8	21 ÷ 7	18 ÷ 9
8 ÷ 8	2 ÷ 2	9 ÷ 1	27 ÷ 3	50 ÷ 5	8 ÷ 1	5 ÷ 1	12 ÷ 4	16 ÷ 8	7 ÷ 1
9 ÷ 1	0 ÷ 3	12 ÷ 2	10 ÷ 1	30 ÷ 10	40 ÷ 8	2 ÷ 2	54 ÷ 6	18 ÷ 9	18 ÷ 6
8 ÷ 4	45 ÷ 5	8 ÷ 1	8 ÷ 1	4 ÷ 4	0 ÷ 9	0 ÷ 1	9 ÷ 9	7 ÷ 1	40 ÷ 4
18 ÷ 6	40 ÷ 5	15 ÷ 3	5 ÷ 1	10 ÷ 2	8 ÷ 2	0 ÷ 3	40 ÷ 4	5 ÷ 1	8 ÷ 1
28 ÷ 4	0 ÷ 1	63 ÷ 7	7 ÷ 1	36 ÷ 6	9 ÷ 1	10 ÷ 1	1 ÷ 1	12 ÷ 6	12 ÷ 4
9 ÷ 1	0 ÷ 1	70 ÷ 10	36 ÷ 6	12 ÷ 2	9 ÷ 1	4 ÷ 1	4 ÷ 2	16 ÷ 4	56 ÷ 8

Name : _____   Time : _____   Score : ___/100

0 ÷ 6	48 ÷ 6	14 ÷ 2	18 ÷ 9	45 ÷ 5	4 ÷ 4	32 ÷ 8	80 ÷ 10	8 ÷ 4	2 ÷ 1
14 ÷ 2	2 ÷ 1	63 ÷ 7	36 ÷ 9	48 ÷ 8	0 ÷ 9	10 ÷ 2	10 ÷ 1	14 ÷ 2	40 ÷ 5
14 ÷ 2	4 ÷ 4	4 ÷ 2	30 ÷ 6	14 ÷ 2	6 ÷ 2	28 ÷ 7	14 ÷ 7	30 ÷ 3	1 ÷ 1
32 ÷ 8	90 ÷ 10	3 ÷ 1	35 ÷ 7	15 ÷ 3	21 ÷ 7	9 ÷ 1	24 ÷ 3	12 ÷ 2	28 ÷ 4
24 ÷ 8	7 ÷ 7	3 ÷ 1	40 ÷ 5	9 ÷ 1	3 ÷ 3	12 ÷ 2	80 ÷ 10	36 ÷ 6	16 ÷ 2
0 ÷ 6	14 ÷ 7	2 ÷ 1	36 ÷ 9	21 ÷ 7	45 ÷ 9	16 ÷ 4	10 ÷ 2	81 ÷ 9	35 ÷ 7
40 ÷ 8	30 ÷ 10	9 ÷ 1	24 ÷ 6	45 ÷ 9	28 ÷ 4	16 ÷ 8	30 ÷ 3	7 ÷ 1	54 ÷ 6
4 ÷ 1	20 ÷ 4	4 ÷ 2	6 ÷ 6	9 ÷ 1	24 ÷ 8	5 ÷ 1	20 ÷ 10	6 ÷ 6	50 ÷ 5
27 ÷ 9	15 ÷ 3	30 ÷ 6	56 ÷ 7	36 ÷ 6	36 ÷ 9	20 ÷ 4	28 ÷ 7	56 ÷ 8	0 ÷ 7
10 ÷ 1	50 ÷ 5	3 ÷ 1	72 ÷ 8	0 ÷ 4	32 ÷ 8	15 ÷ 3	48 ÷ 8	28 ÷ 4	20 ÷ 5

Name : _____   Time : _____   Score : /100

24 ÷ 4	24 ÷ 4	70 ÷ 7	45 ÷ 5	30 ÷ 6	70 ÷ 10	28 ÷ 4	2 ÷ 1	24 ÷ 8	4 ÷ 2
64 ÷ 8	16 ÷ 4	18 ÷ 3	8 ÷ 1	42 ÷ 6	0 ÷ 2	20 ÷ 10	8 ÷ 1	0 ÷ 5	56 ÷ 7
50 ÷ 5	60 ÷ 10	30 ÷ 5	6 ÷ 2	50 ÷ 10	30 ÷ 10	0 ÷ 2	3 ÷ 1	6 ÷ 1	63 ÷ 9
0 ÷ 9	0 ÷ 4	5 ÷ 1	6 ÷ 3	8 ÷ 8	7 ÷ 1	10 ÷ 2	10 ÷ 5	2 ÷ 1	54 ÷ 9
63 ÷ 9	20 ÷ 10	32 ÷ 4	56 ÷ 7	0 ÷ 9	18 ÷ 6	5 ÷ 1	27 ÷ 3	15 ÷ 5	9 ÷ 1
14 ÷ 7	40 ÷ 10	0 ÷ 7	40 ÷ 5	48 ÷ 6	45 ÷ 9	12 ÷ 3	10 ÷ 2	6 ÷ 6	45 ÷ 5
35 ÷ 7	9 ÷ 1	4 ÷ 2	0 ÷ 10	35 ÷ 7	18 ÷ 2	56 ÷ 7	14 ÷ 2	27 ÷ 3	12 ÷ 2
21 ÷ 7	42 ÷ 6	9 ÷ 9	18 ÷ 9	36 ÷ 4	3 ÷ 3	2 ÷ 1	48 ÷ 8	14 ÷ 7	10 ÷ 2
6 ÷ 6	15 ÷ 3	0 ÷ 4	63 ÷ 7	30 ÷ 6	70 ÷ 7	54 ÷ 9	50 ÷ 5	40 ÷ 8	6 ÷ 2
16 ÷ 4	20 ÷ 10	6 ÷ 1	72 ÷ 9	36 ÷ 4	15 ÷ 3	30 ÷ 10	27 ÷ 9	4 ÷ 4	48 ÷ 8

Name : _____ Time : _____ Score : _____/100

4 ÷ 1	28 ÷ 4	20 ÷ 10	14 ÷ 7	60 ÷ 6	1 ÷ 1	0 ÷ 4	64 ÷ 8	0 ÷ 9	5 ÷ 5
36 ÷ 9	6 ÷ 6	81 ÷ 9	5 ÷ 1	0 ÷ 1	10 ÷ 1	1 ÷ 1	30 ÷ 10	4 ÷ 1	10 ÷ 1
6 ÷ 6	40 ÷ 8	12 ÷ 6	9 ÷ 1	3 ÷ 1	3 ÷ 1	8 ÷ 2	54 ÷ 6	10 ÷ 10	30 ÷ 10
0 ÷ 1	30 ÷ 5	49 ÷ 7	36 ÷ 6	63 ÷ 9	7 ÷ 1	40 ÷ 5	4 ÷ 4	18 ÷ 6	60 ÷ 10
10 ÷ 1	54 ÷ 6	18 ÷ 3	80 ÷ 10	0 ÷ 6	8 ÷ 2	9 ÷ 1	4 ÷ 1	25 ÷ 5	7 ÷ 1
70 ÷ 10	72 ÷ 9	12 ÷ 4	12 ÷ 2	15 ÷ 3	16 ÷ 8	6 ÷ 6	60 ÷ 10	20 ÷ 5	18 ÷ 2
27 ÷ 9	56 ÷ 7	90 ÷ 10	12 ÷ 6	6 ÷ 1	10 ÷ 2	21 ÷ 3	100 ÷ 10	12 ÷ 3	8 ÷ 2
24 ÷ 6	9 ÷ 3	2 ÷ 1	12 ÷ 3	90 ÷ 10	24 ÷ 4	0 ÷ 1	1 ÷ 1	6 ÷ 6	80 ÷ 10
15 ÷ 3	7 ÷ 7	45 ÷ 9	24 ÷ 3	7 ÷ 1	48 ÷ 8	63 ÷ 9	20 ÷ 10	6 ÷ 1	36 ÷ 9
16 ÷ 4	60 ÷ 6	9 ÷ 1	90 ÷ 9	15 ÷ 5	6 ÷ 1	32 ÷ 8	20 ÷ 10	12 ÷ 6	90 ÷ 10

Name : _____   Time : _____   Score : /100

9 ÷ 3	3 ÷ 3	12 ÷ 2	10 ÷ 1	20 ÷ 4	2 ÷ 1	32 ÷ 4	14 ÷ 7	60 ÷ 10	8 ÷ 8
7 ÷ 1	15 ÷ 3	0 ÷ 9	54 ÷ 9	30 ÷ 3	60 ÷ 6	0 ÷ 4	54 ÷ 6	14 ÷ 2	0 ÷ 3
40 ÷ 10	5 ÷ 5	5 ÷ 5	4 ÷ 1	8 ÷ 1	5 ÷ 1	3 ÷ 1	60 ÷ 10	35 ÷ 7	32 ÷ 8
1 ÷ 1	30 ÷ 3	4 ÷ 4	9 ÷ 9	60 ÷ 6	1 ÷ 1	36 ÷ 4	0 ÷ 10	40 ÷ 5	63 ÷ 9
10 ÷ 1	2 ÷ 1	10 ÷ 1	6 ÷ 2	7 ÷ 1	4 ÷ 2	8 ÷ 1	4 ÷ 1	0 ÷ 9	20 ÷ 5
16 ÷ 4	49 ÷ 7	6 ÷ 6	10 ÷ 10	70 ÷ 7	27 ÷ 9	56 ÷ 7	6 ÷ 1	4 ÷ 1	35 ÷ 5
80 ÷ 10	0 ÷ 6	16 ÷ 8	45 ÷ 9	0 ÷ 8	7 ÷ 1	54 ÷ 9	24 ÷ 4	64 ÷ 8	32 ÷ 4
6 ÷ 2	6 ÷ 2	45 ÷ 5	10 ÷ 10	30 ÷ 10	14 ÷ 7	20 ÷ 2	18 ÷ 9	42 ÷ 6	8 ÷ 4
21 ÷ 7	30 ÷ 10	90 ÷ 9	2 ÷ 1	16 ÷ 4	24 ÷ 6	20 ÷ 5	16 ÷ 8	30 ÷ 5	49 ÷ 7
2 ÷ 1	0 ÷ 4	0 ÷ 3	36 ÷ 6	1 ÷ 1	28 ÷ 4	72 ÷ 8	3 ÷ 1	36 ÷ 6	10 ÷ 2

Name : _____ Time : _____ Score : ___/100

45 ÷ 5	40 ÷ 5	48 ÷ 6	14 ÷ 2	18 ÷ 3	9 ÷ 1	72 ÷ 9	4 ÷ 2	32 ÷ 8	3 ÷ 3
5 ÷ 1	100 ÷ 10	64 ÷ 8	0 ÷ 4	80 ÷ 10	63 ÷ 9	63 ÷ 7	90 ÷ 10	27 ÷ 3	25 ÷ 5
40 ÷ 10	63 ÷ 9	35 ÷ 7	63 ÷ 7	25 ÷ 5	4 ÷ 1	4 ÷ 1	18 ÷ 9	21 ÷ 7	4 ÷ 2
24 ÷ 6	24 ÷ 3	8 ÷ 8	21 ÷ 7	9 ÷ 1	24 ÷ 6	90 ÷ 10	0 ÷ 1	5 ÷ 5	35 ÷ 7
4 ÷ 1	20 ÷ 10	10 ÷ 1	16 ÷ 4	15 ÷ 3	7 ÷ 7	60 ÷ 6	48 ÷ 6	28 ÷ 7	16 ÷ 2
24 ÷ 6	54 ÷ 9	0 ÷ 9	6 ÷ 2	16 ÷ 8	40 ÷ 10	0 ÷ 9	49 ÷ 7	4 ÷ 1	63 ÷ 9
12 ÷ 2	48 ÷ 8	48 ÷ 8	6 ÷ 1	0 ÷ 4	64 ÷ 8	9 ÷ 9	5 ÷ 5	70 ÷ 10	60 ÷ 6
8 ÷ 2	45 ÷ 9	16 ÷ 4	20 ÷ 10	30 ÷ 10	8 ÷ 8	90 ÷ 9	6 ÷ 1	80 ÷ 8	28 ÷ 7
6 ÷ 1	6 ÷ 6	3 ÷ 1	9 ÷ 3	30 ÷ 6	0 ÷ 7	18 ÷ 6	10 ÷ 2	2 ÷ 2	42 ÷ 6
18 ÷ 2	9 ÷ 3	36 ÷ 6	30 ÷ 10	40 ÷ 4	30 ÷ 5	80 ÷ 8	4 ÷ 2	18 ÷ 3	6 ÷ 1

30 ÷ 10	4 ÷ 2	72 ÷ 9	3 ÷ 1	1 ÷ 1	42 ÷ 7	49 ÷ 7	40 ÷ 10	20 ÷ 5	6 ÷ 1
16 ÷ 4	21 ÷ 7	24 ÷ 4	35 ÷ 7	27 ÷ 9	28 ÷ 4	4 ÷ 1	45 ÷ 5	70 ÷ 10	48 ÷ 6
90 ÷ 10	27 ÷ 3	10 ÷ 10	12 ÷ 4	56 ÷ 8	0 ÷ 4	16 ÷ 8	70 ÷ 7	28 ÷ 4	9 ÷ 1
10 ÷ 10	72 ÷ 9	1 ÷ 1	40 ÷ 4	5 ÷ 1	9 ÷ 1	12 ÷ 2	10 ÷ 2	90 ÷ 10	24 ÷ 8
30 ÷ 10	16 ÷ 8	50 ÷ 10	72 ÷ 9	12 ÷ 3	9 ÷ 1	64 ÷ 8	8 ÷ 2	9 ÷ 1	28 ÷ 4
48 ÷ 8	50 ÷ 10	15 ÷ 5	6 ÷ 3	28 ÷ 7	42 ÷ 6	30 ÷ 3	42 ÷ 7	24 ÷ 6	2 ÷ 2
63 ÷ 9	3 ÷ 3	28 ÷ 7	45 ÷ 9	12 ÷ 2	90 ÷ 10	40 ÷ 10	35 ÷ 5	9 ÷ 9	8 ÷ 1
72 ÷ 8	70 ÷ 10	15 ÷ 3	81 ÷ 9	20 ÷ 4	24 ÷ 3	42 ÷ 7	32 ÷ 4	30 ÷ 5	0 ÷ 3
14 ÷ 2	20 ÷ 10	0 ÷ 4	15 ÷ 3	64 ÷ 8	20 ÷ 5	9 ÷ 1	27 ÷ 9	8 ÷ 4	5 ÷ 5
0 ÷ 1	28 ÷ 4	8 ÷ 4	9 ÷ 9	70 ÷ 7	0 ÷ 1	50 ÷ 10	21 ÷ 3	12 ÷ 6	21 ÷ 7

64 ÷ 8	20 ÷ 4	7 ÷ 7	9 ÷ 9	40 ÷ 8	54 ÷ 9	8 ÷ 4	9 ÷ 1	12 ÷ 3	28 ÷ 7
45 ÷ 5	4 ÷ 1	4 ÷ 1	27 ÷ 3	9 ÷ 9	4 ÷ 4	14 ÷ 7	12 ÷ 6	60 ÷ 10	20 ÷ 4
0 ÷ 2	28 ÷ 7	1 ÷ 1	60 ÷ 10	9 ÷ 1	10 ÷ 1	27 ÷ 3	6 ÷ 6	10 ÷ 2	7 ÷ 7
48 ÷ 8	5 ÷ 1	10 ÷ 2	54 ÷ 9	70 ÷ 7	6 ÷ 6	32 ÷ 4	0 ÷ 5	100 ÷ 10	8 ÷ 1
0 ÷ 8	8 ÷ 2	40 ÷ 8	24 ÷ 3	18 ÷ 2	30 ÷ 3	3 ÷ 1	10 ÷ 1	2 ÷ 1	63 ÷ 9
81 ÷ 9	21 ÷ 3	63 ÷ 9	60 ÷ 6	0 ÷ 4	36 ÷ 4	14 ÷ 7	0 ÷ 7	40 ÷ 10	49 ÷ 7
10 ÷ 5	8 ÷ 2	100 ÷ 10	9 ÷ 9	70 ÷ 10	32 ÷ 8	50 ÷ 10	7 ÷ 1	0 ÷ 4	5 ÷ 1
27 ÷ 3	0 ÷ 7	30 ÷ 6	72 ÷ 8	40 ÷ 5	9 ÷ 9	36 ÷ 4	3 ÷ 1	10 ÷ 2	48 ÷ 8
18 ÷ 6	35 ÷ 7	10 ÷ 1	3 ÷ 1	48 ÷ 8	72 ÷ 9	56 ÷ 7	7 ÷ 1	35 ÷ 5	1 ÷ 1
18 ÷ 3	27 ÷ 9	72 ÷ 8	10 ÷ 1	56 ÷ 7	4 ÷ 4	4 ÷ 1	0 ÷ 9	60 ÷ 6	70 ÷ 7

Day 47

18 ÷ 2	18 ÷ 6	16 ÷ 4	28 ÷ 4	10 ÷ 1	0 ÷ 3	70 ÷ 7	56 ÷ 8	21 ÷ 7	35 ÷ 7
40 ÷ 5	24 ÷ 8	16 ÷ 2	90 ÷ 9	27 ÷ 9	30 ÷ 10	72 ÷ 9	20 ÷ 5	81 ÷ 9	40 ÷ 4
7 ÷ 1	28 ÷ 4	3 ÷ 1	4 ÷ 1	40 ÷ 4	42 ÷ 7	25 ÷ 5	9 ÷ 9	35 ÷ 7	30 ÷ 6
6 ÷ 3	40 ÷ 10	12 ÷ 3	40 ÷ 8	42 ÷ 7	10 ÷ 2	24 ÷ 8	0 ÷ 9	9 ÷ 3	45 ÷ 9
10 ÷ 1	35 ÷ 5	72 ÷ 9	4 ÷ 4	50 ÷ 10	16 ÷ 4	70 ÷ 7	80 ÷ 8	9 ÷ 1	20 ÷ 5
30 ÷ 5	0 ÷ 1	50 ÷ 10	3 ÷ 1	54 ÷ 6	10 ÷ 10	70 ÷ 10	100 ÷ 10	8 ÷ 8	12 ÷ 2
80 ÷ 8	36 ÷ 9	16 ÷ 4	21 ÷ 7	42 ÷ 6	80 ÷ 8	28 ÷ 4	4 ÷ 4	15 ÷ 5	6 ÷ 1
4 ÷ 1	35 ÷ 5	10 ÷ 10	10 ÷ 2	0 ÷ 10	9 ÷ 9	12 ÷ 6	14 ÷ 7	2 ÷ 1	70 ÷ 7
9 ÷ 1	42 ÷ 7	8 ÷ 8	0 ÷ 2	14 ÷ 2	36 ÷ 4	48 ÷ 6	9 ÷ 9	8 ÷ 1	0 ÷ 1
3 ÷ 1	36 ÷ 6	32 ÷ 8	9 ÷ 9	6 ÷ 6	0 ÷ 4	16 ÷ 2	3 ÷ 3	1 ÷ 1	1 ÷ 1

36 ÷ 4	5 ÷ 1	36 ÷ 4	60 ÷ 6	21 ÷ 7	80 ÷ 8	50 ÷ 5	35 ÷ 7	0 ÷ 8	70 ÷ 10
24 ÷ 8	0 ÷ 3	4 ÷ 1	5 ÷ 1	20 ÷ 4	0 ÷ 3	0 ÷ 2	16 ÷ 8	63 ÷ 9	15 ÷ 5
0 ÷ 8	18 ÷ 9	6 ÷ 2	80 ÷ 8	2 ÷ 2	0 ÷ 3	21 ÷ 3	45 ÷ 5	14 ÷ 2	15 ÷ 5
45 ÷ 5	7 ÷ 7	7 ÷ 1	4 ÷ 1	3 ÷ 1	5 ÷ 1	8 ÷ 8	60 ÷ 6	21 ÷ 3	6 ÷ 6
4 ÷ 4	45 ÷ 5	10 ÷ 2	28 ÷ 7	10 ÷ 10	4 ÷ 4	24 ÷ 6	60 ÷ 6	0 ÷ 2	9 ÷ 3
5 ÷ 5	12 ÷ 3	36 ÷ 9	15 ÷ 3	30 ÷ 5	54 ÷ 6	1 ÷ 1	20 ÷ 10	10 ÷ 1	40 ÷ 4
36 ÷ 6	60 ÷ 10	4 ÷ 4	90 ÷ 10	12 ÷ 6	20 ÷ 4	12 ÷ 6	45 ÷ 9	32 ÷ 8	40 ÷ 8
40 ÷ 4	9 ÷ 1	0 ÷ 1	20 ÷ 10	6 ÷ 1	30 ÷ 6	90 ÷ 9	12 ÷ 3	72 ÷ 8	8 ÷ 2
8 ÷ 2	10 ÷ 1	4 ÷ 1	12 ÷ 3	20 ÷ 10	28 ÷ 4	24 ÷ 4	80 ÷ 8	14 ÷ 7	3 ÷ 1
12 ÷ 6	30 ÷ 5	90 ÷ 10	9 ÷ 3	42 ÷ 6	2 ÷ 2	18 ÷ 9	18 ÷ 9	5 ÷ 1	24 ÷ 4

Day 49

63 ÷ 7	12 ÷ 3	0 ÷ 1	45 ÷ 5	10 ÷ 1	0 ÷ 3	30 ÷ 6	24 ÷ 8	30 ÷ 3	18 ÷ 9
56 ÷ 8	16 ÷ 2	6 ÷ 2	8 ÷ 1	7 ÷ 1	1 ÷ 1	54 ÷ 6	36 ÷ 9	64 ÷ 8	2 ÷ 1
8 ÷ 8	35 ÷ 5	48 ÷ 8	36 ÷ 6	3 ÷ 3	36 ÷ 4	20 ÷ 2	36 ÷ 6	0 ÷ 4	48 ÷ 6
21 ÷ 7	28 ÷ 4	20 ÷ 10	0 ÷ 6	80 ÷ 8	70 ÷ 7	0 ÷ 6	7 ÷ 1	2 ÷ 1	54 ÷ 9
10 ÷ 1	9 ÷ 9	8 ÷ 1	2 ÷ 1	30 ÷ 10	63 ÷ 9	36 ÷ 9	24 ÷ 6	0 ÷ 8	3 ÷ 3
24 ÷ 3	0 ÷ 4	16 ÷ 2	25 ÷ 5	72 ÷ 9	45 ÷ 5	60 ÷ 10	32 ÷ 4	5 ÷ 5	36 ÷ 6
30 ÷ 3	16 ÷ 4	16 ÷ 2	0 ÷ 7	20 ÷ 5	24 ÷ 3	90 ÷ 9	7 ÷ 7	72 ÷ 9	12 ÷ 4
4 ÷ 4	18 ÷ 9	48 ÷ 6	42 ÷ 7	9 ÷ 1	90 ÷ 9	45 ÷ 9	0 ÷ 10	80 ÷ 8	4 ÷ 1
6 ÷ 2	35 ÷ 5	12 ÷ 3	27 ÷ 9	70 ÷ 7	0 ÷ 7	4 ÷ 1	14 ÷ 2	12 ÷ 2	12 ÷ 6
40 ÷ 10	0 ÷ 6	40 ÷ 10	12 ÷ 3	0 ÷ 2	18 ÷ 2	35 ÷ 7	30 ÷ 3	36 ÷ 9	7 ÷ 1

0 ÷ 6	42 ÷ 6	8 ÷ 1	4 ÷ 4	15 ÷ 5	6 ÷ 3	64 ÷ 8	40 ÷ 8	5 ÷ 1	63 ÷ 9
40 ÷ 10	0 ÷ 6	12 ÷ 3	28 ÷ 4	16 ÷ 8	0 ÷ 1	16 ÷ 8	30 ÷ 3	0 ÷ 8	0 ÷ 5
0 ÷ 9	70 ÷ 10	27 ÷ 3	10 ÷ 10	16 ÷ 2	30 ÷ 3	20 ÷ 5	40 ÷ 5	48 ÷ 6	0 ÷ 6
7 ÷ 7	4 ÷ 4	21 ÷ 3	28 ÷ 4	0 ÷ 2	1 ÷ 1	18 ÷ 6	6 ÷ 3	5 ÷ 1	6 ÷ 1
2 ÷ 2	18 ÷ 3	10 ÷ 1	48 ÷ 8	16 ÷ 8	10 ÷ 10	4 ÷ 2	45 ÷ 5	0 ÷ 1	42 ÷ 6
0 ÷ 8	30 ÷ 3	6 ÷ 2	90 ÷ 9	10 ÷ 1	2 ÷ 2	25 ÷ 5	12 ÷ 3	28 ÷ 4	0 ÷ 1
5 ÷ 1	3 ÷ 1	16 ÷ 4	18 ÷ 3	12 ÷ 2	8 ÷ 4	81 ÷ 9	24 ÷ 3	10 ÷ 10	50 ÷ 10
25 ÷ 5	16 ÷ 8	6 ÷ 2	63 ÷ 9	36 ÷ 4	14 ÷ 7	48 ÷ 6	32 ÷ 4	10 ÷ 5	10 ÷ 1
40 ÷ 5	64 ÷ 8	7 ÷ 1	0 ÷ 8	49 ÷ 7	60 ÷ 10	70 ÷ 7	5 ÷ 5	49 ÷ 7	7 ÷ 7
24 ÷ 4	10 ÷ 2	18 ÷ 9	20 ÷ 10	7 ÷ 7	6 ÷ 2	3 ÷ 1	27 ÷ 3	80 ÷ 10	1 ÷ 1

This is a link for you to get a free set of printable
stickers that you can use to
make your book look cool !

https://gumroad.com/l/hcBwfx

Made in the USA
Coppell, TX
17 October 2022

84838343R00031